U0594938

信息网络技术下
体育赛事研究

朱 琦 吕 品 徐敬琳 ■ 著

哈尔滨出版社
HARBIN PUBLISHING HOUSE

图书在版编目（CIP）数据

信息网络技术下体育赛事研究／朱琦，吕品，徐敬
琳著. -- 哈尔滨 ：哈尔滨出版社，2025.1
　　ISBN 978-7-5484-7939-0

　　Ⅰ.①信… Ⅱ.①朱… ②吕… ③徐… Ⅲ.①运动竞
赛-研究 Ⅳ.①G808.2

中国国家版本馆 CIP 数据核字（2024）第 110896 号

书　　名：**信息网络技术下体育赛事研究**
　　　　　XINXI WANGLUO JISHU XIA TIYU SAISHI YANJIU

作　　者：朱 琦 吕 品 徐敬琳 著
责任编辑：张艳鑫

出版发行：哈尔滨出版社（Harbin Publishing House）
社　　址：哈尔滨市香坊区泰山路82-9号　邮编：150090
经　　销：全国新华书店
印　　刷：北京鑫益晖印刷有限公司
网　　址：www.hrbcbs.com
E - mail：hrbcbs@yeah.net
编辑版权热线：（0451）87900271　87900272
销售热线：（0451）87900202　87900203

开　　本：880mm×1230mm　1/32　印张：5.25　字数：112千字
版　　次：2025年1月第1版
印　　次：2025年1月第1次印刷
书　　号：ISBN 978-7-5484-7939-0
定　　价：48.00元

凡购本社图书发现印装错误,请与本社印制部联系调换。

服务热线：（0451）87900279

前　言

　　随着科技的飞速发展,互联网、大数据、云计算、人工智能等先进的信息网络技术正深刻改变着体育赛事的方方面面,从赛事的组织、管理、传播到观众的参与体验,无一不受到这些技术的影响。体育赛事作为人类文化的重要组成部分,一直以来都承载着丰富的社会价值和文化内涵。它不仅是体育竞技的舞台,更是展示民族精神、促进国际交流的重要平台。在信息网络技术的推动下,体育赛事的研究正逐渐从传统的体育学、社会学视角拓展到跨学科、多领域的综合研究。一方面,信息网络技术为体育赛事的组织和管理带来了前所未有的便利。通过大数据分析和云计算技术,赛事组织者可以更加精准地预测参赛选手的状态、比赛结果以及观众的喜好,从而制订更为科学、合理的赛事计划。同时,智能化的管理系统和自动化的设备能够极大地提高赛事的运行效率,减少人为错误和失误,确保赛事的顺利进行。另一方面,信息网络技术也极大地丰富了体育赛事的传播渠道和观众参与方式。互联网和移动媒体的普及使得体育赛事的直播、回放、互动等变得轻而易举,观众可以随时随地观看比赛,与全球各地的体育迷共同分享比赛的激情与喜悦。此外,虚拟现实(VR)、增强现实(AR)等技术的应用更是为观众带来了沉浸式的观赛体验,仿佛置身于比赛现场一般。

　　本书一共分为六个章节,主要以信息网络技术下体育赛事为研究基点,通过本书的介绍让读者对信息网络技术下体育赛事有更加清晰的了解,进一步摸清信息网络技术下体育赛事的发展脉络,为信息网络技术下体育赛事研究提供更加广阔的空间。在这样的一个背景下,信息网络技术下体育赛事研究仍然有许多空白需要填补,需要在已有的基础上进一步深入地开展研究工作,以适应不断发展的新形势。

目　　录

第一章 体育赛事概述 与信息化背景

第一节 体育赛事的特征与分类

一、体育赛事的特征

(一)竞技性特征

1.高水平的竞技表现

体育赛事的竞技性首先体现在参赛运动员的高水平表现上。无论是奥运会、世界杯等国际大赛,还是国内的职业联赛、锦标赛等,参赛运动员都是经过长期专业训练和层层选拔的佼佼者。他们在比赛中展现出高超的运动技艺、出色的身体素质和卓越的战术素养,为观众奉献了一场场精彩绝伦的竞技盛宴。这种高水平的竞技表现不仅体现了运动员的个人能力和价值,也代表了当代体育运动的最高水平和发展方向。高水平竞技表现的背后是运动员们长期的专业训练和艰苦付出。他们为了能够在比赛中取得好成绩,往往需要经过多年的系统训练,付出巨大的努力和汗水。这种对卓越的追求和对胜利的渴望,正是体育赛事竞技性特征的生动体现。

2.激烈的竞技对抗

体育赛事的竞技性还体现在激烈的竞技对抗上。在比赛中,运动员们为了争夺胜利,需要全力以赴、奋勇拼搏。他们不仅要与对手进行直接的身体对抗和技术比拼,还要在战术和心理层面进行激烈的较量。这种激烈的竞技对抗不仅考验着运动员的体能和技能,更考验着他们的意志品质和团队精神。

在激烈的竞技对抗中,运动员们需要充分发挥自己的优势和特长,同时针对对手的弱点和漏洞制定有效的战术策略。他们需要时刻保持冷静和专注,抓住每一个机会去争取胜利。这种紧张刺激的竞技对抗不仅让观众热血沸腾、为之呐喊,也让运动员们感受到了体育赛事的独特魅力和价值所在。

3.公正的竞技环境

公正的竞技环境是体育赛事竞技性特征的重要保障。为了确保比赛的公平公正,体育赛事组织者通常会制定严格的比赛规则和裁判标准,并设立专门的监督机构对比赛过程进行全程监控和仲裁。这些措施旨在营造一个公正、透明的竞技环境,让每一个参赛运动员都能够在同等的条件下进行公平竞争。公正的竞技环境不仅保证了比赛的公平性和公正性,也激发了运动员们的斗志和拼搏精神。在公正的竞技环境中,每一个运动员都有机会通过自己的努力和实力去争取胜利,这种机会均等和公平竞争的原则正是体育赛事竞技性特征的重要体现。同时,公正的竞技环境也为观众提供了一个客观、真实的观赛体验,让他们能够更加深入地感受到体育赛事的魅力和价值所在。

(二)规范性特征

1.赛事组织的规范性

体育赛事的成功举办离不开周密的组织和策划。从赛事筹备开始,组织者就需要遵循一定的规范和流程,包括但不限于赛事申请与审批、场馆建设与布置、设备采购与测试、参赛队伍报名与资格审查等。每一个环节都有明确的责任分工和执行标准,以确保赛事的顺利进行。

同时,赛事组织还涉及人员安排、安全保障、媒体宣传、志愿服务等多个方面。组织者需要根据赛事规模和级别,合理配置工作人员,制订详细的工作计划和应急预案。这些规范性措施为赛事的平稳运行提供了有力保障。此外,随着体育产业的发展和市场竞争的加剧,赛事组织越来越注重品牌建设和市场化运作。组织者通过引入赞助商、合作伙伴等方式筹集资金,提高赛事的知名度和影响力。同时,他们还积极推广赛事文化,开展多种形式的公众互动活动,以吸引更多观众参与和关注。这些规范性的市场化运作有助于推动体育赛事的持续发展。

2.规则制定的规范性

无规矩不成方圆。对于体育赛事而言,明确的比赛规则是维护比赛公平性和秩序性的基础。各类体育赛事都有自己独特而详尽的比赛规则,这些规则在比赛方式、计分方法、犯规处理等方面做出了详细规定。规则的制定和执行遵循一定的程序和原则,确保所有参赛者在平等的条件下竞争。规则的规范性还体现在对规则的解释和更新上。随着体育运动的发展和技战术的进步,比赛规则也需要不断地调整和完善。为了保持规则的权威性和公信力,通常会有专门的机构负责对规则进行解释、修订和发布。这些工作都严格遵循规范性程序,以确保规则的公正性和适应性。

3.裁判工作的规范性

裁判是体育赛事中的关键因素之一,他们负责比赛的具体执行和判决。裁判工作的规范性直接关系到比赛的公正性和观赏性。因此,裁判人员需要经过严格的培训和考核,具备扎实的专业知识和高尚的职业道德。在比赛过程中,裁判人员需要遵循客观、公正、准确的原则进行裁决。他们不仅要熟练掌握和运用比赛规则,还要根据场上形势做出合理判断和快速反应。同时,裁判人员还需要注重与参赛队员、教练员以及观众的沟通和交流,以保持良好的比赛氛围和秩序。为了保证裁判工作的规范性,各类体育赛事都建立了完善的裁判管理和监督机制。通过定期对裁判人员进行培训和考核、实施比赛监督制度等方式,确保裁判工作的质量和水平不断提高。同时,随着现代科技的应用和发展,电子裁判系统、视频回放技术等手段也为裁判工作提供了更加便捷和准确的支持。这些规范性措施共同保障了体育赛事的公正性和秩序性。

(三)公众性特征

1.广泛的参与性

体育赛事的公众性首先体现在广泛的参与性上。无论是国际性的大型赛事，还是地区性的小型比赛，都能吸引众多运动员、教练员、裁判员以及观众的积极参与。运动员们在赛场上奋力拼搏，展现自己的运动才华和竞技精神；观众则通过现场观看、电视转播、网络直播等方式，感受比赛的紧张刺激和精彩瞬间。这种广泛的参与性不仅体现了人们对体育运动的热爱和追求，也展示了体育赛事在推动全民健身、增强社会凝聚力方面的积极作用。其次，随着体育产业的快速发展和体育文化的日益普及，越来越多的人开始关注并参与到体育赛事中来。各类体育俱乐部、健身中心、运动协会等组织的涌现，为人们提供了更加多样化的参与平台和机会。这些组织和平台不仅丰富了人们的业余生活，也提升了他们的身体素质和生活质量。因此，可以说广泛的参与性是体育赛事公众性特征的重要体现之一。

2.高度的关注性

体育赛事往往能够吸引社会各界的广泛关注。这种关注不仅来自参赛运动员、教练员和裁判员等直接参与者，也来自媒体、赞助商以及广大观众等间接参与者。媒体通过报道和直播、转播比赛，将赛事信息传播到千家万户；赞助商通过赞助和支持比赛，提升品牌形象和市场影响力。这种高度的关注性使得体育赛事成为一种重要的社会文化活动，具有极高的社会价值和影响力。在高度关注的同时，体育赛事也承担着一定的社会责任和使命。例如，通过慈善赛事、公益活动等的形式，体育赛事可以为社会公益事业贡献自己的力量；通过推广健康生活方式、倡导体育精神等方式，体育赛事可以引导人们树立正确的价值观和人生观。这些积极作用使得体育赛事的关注性更加具有深远意义。

3.巨大的影响力

体育赛事的公众性还体现在其巨大的影响力上。一场精彩的比赛往往能够激发人们的爱国热情、民族自豪感和集体荣誉感等积极情感;一场成功赛事的举办往往能够提升举办地的知名度和美誉度,推动当地经济社会的快速发展。这种巨大的影响力使得体育赛事成为一种重要的软实力资源,对于提升国家形象、推动社会进步具有不可替代的作用。随着全球化进程的加速和信息技术的飞速发展,体育赛事的影响力正在不断扩大和深化。越来越多的国家和地区开始重视并利用体育赛事这一重要资源来推动自身的发展与进步。因此,在未来发展中,我们需要进一步挖掘和利用体育赛事的公众性特征,发挥其在促进社会和谐、推动经济发展等方面的积极作用。

二、体育赛事的分类

(一)按赛事规格分类

1.国际性赛事

国际性赛事是规格最高、影响力最大的体育赛事之一。这类赛事通常由国际体育组织或国家间共同举办,参赛运动员来自世界各地,代表着各自国家和地区的最高水平。奥运会、世界杯足球赛、世界锦标赛等都是典型的国际性赛事。奥运会是国际性赛事中的佼佼者,被誉为"体育运动的最高殿堂"。它起源于古希腊时期,现代奥运会则始于 1896 年。奥运会每四年举办一次,吸引着全世界最优秀的运动员会聚一堂,争夺奖牌和荣誉。除了竞技比赛,奥运会还承载着促进世界和平、增进国际友谊的重要使命。世界杯足球赛是国际足球界最盛大的赛事之一,也是全世界最具影响力和知名度的体育赛事之一。它每四年举办一次,由国际足球联合会(FIFA)主办。世界杯足球赛会聚了全世界最优秀的足球队和球员,是全世界足球迷翘首以盼的盛事。在比赛中,各国球队为了争夺冠军而展开激烈角逐,展现出足球运动的魅力和激情。

图 1-1　示例图

除了奥运会和世界杯足球赛,还有许多其他类型的国际性赛事,如世界杯篮球赛、世界羽毛球锦标赛等。这些赛事在各自的领域内具有极高的权威性和影响力,吸引着全球最优秀的运动员参与竞争。国际性赛事的举办对于推动体育事业的发展、促进国际交流与合作具有重要意义。它们不仅为运动员提供了展示才华的舞台,也为观众带来了精彩纷呈的视觉盛宴。同时,国际性赛事的举办还能够带动举办地的经济发展、提升城市形象和国际知名度。

2.国家级赛事

国家级赛事是指由各个国家自行举办的体育赛事,通常代表着该国体育运动的最高水平。这类赛事的参赛运动员主要来自本国,比赛水平和竞争激烈程度也较高。全运会、国家锦标赛等都是典型的国家级赛事。全运会是中国规模最大、水平最高的综合性体育赛事之一。它每四年举办一次,由各个省、自治区、直辖市等代表团组成参赛队伍,争夺奖牌和团体荣誉。全运会不仅是中国体育事业的重要组成部分,也是展示中国体育健儿风采和实力的重要舞台。在比赛中,运动员们为了争夺冠军而奋力拼搏,展现出坚韧不拔的毅力和顽强拼搏的精神。国家锦标赛则是各个单项体育运动在国内的最高水平赛事。这类赛事通常由各个单项体育协会或运动中心主办,参赛运动员来自全国各地,代表着各自地区的最高水平。国家锦标赛的举办对于推动单项体育运动的发展、提高运动员的竞技水平具有重要意义。同时,它也是选拔优秀运动员参加国际性赛事的重要途径之一。国家级赛事的举办对于推动本国体育事业的发展、提高运动员的竞技水平具有重要意义。同时,国家级赛事的举办还能够激发人们的爱国热情和民族自豪感,增强民族凝聚力和向心力。

图1-2 示例图

3.地区性赛事

地区性赛事是指由特定地区或区域内的国家和地区共同举办的体育赛事。这类赛事的参赛运动员主要来自该地区或区域内,比赛水平和竞争激烈程度因地区或区域和项目而异。亚运会、欧洲杯足球赛等都是典型的地区性赛事。亚运会是亚洲地区规模最大的综合性体育赛事之一,由亚洲奥林匹克理事会主办。它每四年举办一次,参赛国家和地区来自亚洲各地,包括东亚、东南亚、南亚、中亚和西亚等地区。亚运会的比赛项目非常广泛,涵盖了夏季奥运会的所有大项和部分冬季奥运会项目。在比赛中,各国和地区代表团为了争夺奖牌和团体荣誉而展开激烈角逐,展现出亚洲体育运动的魅力和实力。

欧洲杯足球赛是欧洲足球界最盛大的赛事之一,由欧洲足球协会联盟(UEFA)主办。它每四年举办一次(实际上与世界杯足球赛错开两年举办),参赛球队来自欧洲各个国家和地区。欧洲杯足球赛是全世界最具观赏性和竞技水平的足球赛事之一,吸引着无数球迷的关注和热爱。在比赛中,各国球队为了争夺冠军而展开激烈对抗,展现出欧洲足球的精湛技艺和战术素养。除了亚运会和欧洲杯足球赛,还有许多其他类型的地区性赛事,如东南亚运动会、非洲运动会、南美洲足球锦标赛等。这些赛事在各自的区域内具有极高的知名度和影响力,推动着该地区体育运动的发展和普及。

图 1-3　示例图

(二)按赛事项目设置分类

1.综合性赛事

综合性赛事是包含多个体育项目的赛事,通常涵盖夏季和冬季奥运会的所有或大部分项目。这类赛事的特点是项目多样、参与广泛,旨在全面展示参赛国家或地区的体育综合实力。奥运会、亚运会、全运会等都属于综合性赛事。奥运会作为全世界最高级别的综合性体育赛事,每四年举办一次,吸引了世界各地的顶尖运动员参与。它不仅包括田径、游泳、篮球等夏季项目,还包括冰雪运动等冬季项目。奥运会的举办不仅促进了体育运动的交流与发展,更在推动世界和平、增进国际友谊方面发挥了重要作用。亚运会和全运会则是亚洲和中国范围内的综合性体育赛事。它们同样涵盖了众多体育项目,为亚洲和中国的运动员提供了展示才华的舞台。这些赛事的举办不仅提升了亚洲和中国的体育水平,也增强了各国和地区之间的文化交流和友谊。

2.单项赛事

单项赛事是专注于某一特定体育项目的赛事。与综合性赛事相比,单项赛事更加专业、深入,旨在挖掘和培养该项目的优秀人才,推动该项目的技术创新和规则完善。世界锦标赛、世界杯赛以及各国的单项锦标赛等都属于单项赛事。世界锦标赛是各个体育项目中的最高级别单项赛事之一。它通常由国际单项体育联合会主办,会集了全世界最优秀的运动员参与竞争。无论是足球、篮球还是乒乓球、羽毛球,世界锦标赛都是该项目运动员梦寐以求的荣誉殿堂。世界杯赛则是足球、篮球等团体项目中的顶级单项赛事。它每四年举办一次(对于足球而言),吸引了全世界最优秀的球队和球员参与。世界杯的举办不仅推动了足球、篮球等运动项目的普及与发展,更在激发民族热情、增强国家凝聚力方面发挥了重要作用。各国的单项锦标赛则是国内最高水平的单项赛事之一。它们通常由各国单项体育协会主办,旨在选拔和培养本国的优秀运动员,为国家队输送人才。这些赛事的举办对于提升本国体育运动水平、推动体育事业发展具有重要意义。

图1-4　示例图

3.特殊赛事

特殊赛事是指那些具有特殊性质或特定目标的体育赛事。它们可能关注某一特定人群、某一特定地区或某一特定主题。残疾人奥运会、青少年运动会以及民族传统体育赛事等都属于特殊赛事。残疾人奥运会是为残疾人运动员举办的最高级别综合性体育赛事。它旨在展示残疾人运动员的才华和毅力,推动社会对残疾人的关注和尊重。残疾人奥运会的举办不仅提升了残疾人运动员的竞技水平,更在促进社会平等、消除歧视方面发挥了积极作用。民族传统体育赛事则关注各民族的传统体育项目和文化传承。这些赛事通常包括龙舟赛、摔跤、舞龙舞狮等具有民族特色的项目,旨在弘扬民族文化、增强民族认同感和凝聚力。民族传统体育赛事的举办对于保护和发展各民族传统文化、促进民族团结和社会和谐具有重要意义。

图1-5　示例图

（三）按赛事性质分类

1.商业性赛事

商业性赛事是以盈利为主要目的的体育赛事。这类赛事通常由商业组织、企业或品牌主办,通过门票销售、广告赞助、媒体转播权销售等方式获取收入。商业性赛事在项目设置、赛程安排、场地选择等方面都会充分考虑市场需求和观众喜好,以吸引更多的观众和赞助商。商业性赛事的典型代表包括职业联赛、商业杯赛等。职业联赛如 NBA、英超等,这些联赛拥有高水平的运动员和精彩的比赛,吸引了大量观众和媒体的关注。商业杯赛如网球大满贯赛事、高尔夫大师赛等,这些赛事通常具有较高的奖金和知名度,吸引了世界顶尖运动员的参与。商业性赛事的成功举办对于推动体育产业的发展、提升城市形象和商业价值具有重要意义。它们为运动员提供了高水平的竞技舞台,也为观众带来了精彩的比赛体验。同时,商业性赛事的举办还能够带动相关产业的发展,如体育旅游、体育用品等,为举办地带来可观的经济效益。

2.公益性赛事

公益性赛事是以推广体育运动、提高公众健康水平、促进社会和谐为主要目的的体育赛事。这类赛事通常由政府机构、非营利组织或社会团体主办,注重社会效益和公共利益。公益性赛事在项目设置上会更加注重普及性和参与性,以吸引更多人参与体育运动。公益性赛事的典型代表包括全民健身活动、校园体育赛事、慈善赛事等。全民健身活动如马拉松比赛、广场舞大赛等,这些活动旨在推动全民健身运动的发展,提高公众的健康水平。校园体育赛事如大学生运动会、中学生篮球赛等,这些赛事旨在培养学生的运动兴趣和技能,促进校园体育文化的建设。慈善赛事如明星慈善篮球赛、公益足球赛等,这些赛事通过募集善款和物资来支持社会公益事业的发展。公益性赛事的举办对于推动体育运动的普及和发展、提高公众的健康水平、促进社会和谐具有重要意义。它们为公众提供了参与体育运动的机会和平台,也传递了积极向上的体育精神和价值观。同时,公益性赛事的举办还能够提升举办地的社会形象和知名度,为当地的社会发展带来积极的影响。

3.混合性赛事

混合性赛事是介于商业性赛事和公益性赛事之间的体育

赛事。这类赛事既注重商业效益和市场需求,又兼顾社会效益和公共利益。混合性赛事通常由政府机构、商业组织或社会团体共同主办,通过合作和共赢的方式实现赛事的可持续发展。混合性赛事的典型代表包括一些大型的国际性赛事和地区性赛事。这些赛事在举办过程中会充分考虑市场需求和观众喜好,同时也会注重赛事的社会效益和公共利益。例如,奥运会、世界杯足球赛等大型国际赛事就是典型的混合性赛事。这些赛事不仅吸引了全世界顶尖运动员的参与和全世界观众的关注,也为举办地带来了可观的经济效益和社会效益。混合性赛事的举办对于平衡商业利益和公共利益、推动体育产业的可持续发展具有重要意义。它们既能够为运动员提供高水平的竞技舞台和为观众带来精彩的比赛体验,又能够推动体育运动的普及和发展以及提高公众的健康水平。

第二节　体育赛事信息化需求分析

一、实时数据更新与传播需求

(一)实时比分更新

1.实时性要求

在体育赛事中,比分的实时更新是至关重要的。观众、媒体以及参赛队伍都期望能够第一时间获取最新的比分信息。因此,体育赛事信息化有助于确保比分数据能够在极短的时间内更新并推送给所有关注者。这种实时性的要求,不仅关乎观赛体验,更是对比赛公正性的一种保障。

2.准确性保障

体育赛事信息化应确保所更新的比分数据准确无误,避免出现任何误差或错误。为了达到这一目的,需要采用可靠的数据来源,并进行严格的数据校验和审核。同时,信息化系统还应具备纠错机制,一旦发现有误,能够迅速进行更正,并将正确的比分信息及时推送给用户。

3.多渠道推送能力

为了满足不同用户的需求,信息化系统需要具备多渠道的比分推送能力,这包括但不限于官方网站、手机应用、社交媒体等。通过这些渠道,用户可以随时随地获取到最新的比分信息,无论是在家中、办公室还是在外出时。这种多渠道推送的能力,不仅提升了用户获取信息的便利性,也扩大了体育赛事的影响力。

4.稳定性与可靠性

大型体育赛事中,观众数量庞大,数据访问量也会激增,这要求信息化系统必须具备高度的稳定性和可靠性,以应对高并发访问和数据传输的压力。系统应采用高性能的服务器和网络设备,确保在比赛期间能够稳定运行,不出现卡顿、延迟或崩溃等问题。

5.用户体验优化

实时比分更新的最终目的是提升用户的观赛体验,而信息化系统应注重用户体验的优化。例如,可以提供清晰易懂的比分展示界面,支持多种语言显示,以及提供个性化的比分推送设置等。这些措施将有助于吸引更多用户关注比赛,并提升他们对体育赛事的满意度和忠诚度。

(二)数据统计与分析

1.全面的数据统计

体育赛事的数据统计需求涵盖了多个方面,包括球员表现、技术统计、球队成绩等。信息化系统需要能够全面、准确地收集和整理这些数据,为用户提供详尽的比赛分析报告。这不仅有助于教练团队深入了解球员和球队的表现,也为媒体和球迷提供了丰富的讨论和分析素材。

2.实时数据分析与展示

除了赛后的数据统计,实时数据分析也是一项重要需求,信息化系统应能在比赛过程中即时提供各项数据的分析结果,如足球运动员的射门次数、传球成功率、跑动距离等。这些数据可以帮助教练团队及时调整战术和策略,也能让球迷更加深入地了解比赛的实时动态。

3.历史数据对比与趋势分析

为了满足长期关注体育赛事的用户需求,信息化系统还应提供历史数据的对比和趋势分析功能,用户可以通过系统查看过往比赛的数据统计,分析运动队和运动员的表现变化,以及预测未来的比赛走势。这将为用户提供更加全面、深入的观赛体验。

4.数据可视化与交互性

数据统计与分析的可视化展示对于提升用户体验起到了决定性作用。信息化系统应采用图表、动画等多种形式,直观地展示各项数据和分析结果。同时,增加交互性设计,让用户能够根据自身需求灵活调整数据展示方式和内容,从而更好地满足个性化需求。

(三)即时新闻推送

1.迅速传播重要事件

在体育赛事中,重要事件的发生往往能引起广泛关注,信息化系统应能够快速捕捉并推送这些重要事件的新闻,确保观众在第一时间了解到比赛的重大进展。例如,当比赛出现关键进球、球员受伤或换人等情况时,系统应立即生成相关新闻并推送给用户,以保持观众对比赛的持续关注和热情。

2.实时更新精彩瞬间

体育赛事中的精彩瞬间是吸引观众的重要因素。信息化系统应能够实时捕捉并推送比赛中的精彩瞬间,如绝杀进球、精彩防守等,让观众能够及时回顾和分享这些激动人心的时刻。这不仅能增强观众的参与感和沉浸体验,还能促进比赛的传播和推广。

3.多样化新闻形式

为了满足不同观众的需求,信息化系统应提供多样化的新闻形式。除了传统的文字新闻,还可以结合图片、视频和直播等形式,更加直观地展现比赛情况和重要事件。这种多媒体的新闻推送方式能够更加丰富观众的阅读体验,提升新闻的吸引力和传播效果。

4.互动与反馈机制

为了增强观众的参与感和归属感,信息化系统应建立互动与反馈机制,观众可以通过系统对推送的新闻进行评论、点赞或分享,与其他观众进行交流和讨论。同时,系统还可以设置问卷调查或投票活动,收集观众对体育赛事推送内容和形式的反馈意见,以便不断优化和改进服务。

二、便捷的观赛体验需求

(一)多渠道访问

1.设备兼容性实现全方位覆盖

在信息化时代,体育赛事的观众群体日益多样化,使用的设备也各不相同。为了满足广大观众的需求,体育赛事信息化系统必须具备高度的设备兼容性。这意味着,无论观众使用的是智能手机、台式电脑、平板电脑还是其他智能设备,都能够轻松访问赛事信息,享受流畅的赛事体验。具体而言,体育赛事信息化系统需要支持多种操作系统和浏览器,以确保在各种设备上都能正常显示和运行。同时,针对不同设备的屏幕尺寸和分辨率,系统还需要进行适配和优化,以确保在不同设备上都能呈现出最佳的视觉效果。

2.信息实时性,使观众随时掌握赛事动态

观众希望能够随时随地了解赛事的最新动态,包括比赛结

果、实时比分、球员数据等。为了满足这一需求,信息化系统需要实现与赛事数据的实时同步更新,确保观众能够第一时间获取最新的赛事信息。此外,信息化系统还需要提供赛事预告、赛程安排、球员介绍等相关信息,帮助观众更好地了解赛事背景和参赛队伍情况。这些信息的准确性和完整性对于提升观众的观赛体验至关重要。

3.简化信息化系统操作流程

为了方便观众访问和使用体育赛事信息化系统,信息化系统需要具备友好的用户界面和简洁的操作流程,用户界面的设计应符合用户使用习惯和审美需求,提供清晰明了的菜单和按钮选项。同时,操作流程应尽可能简化,减少用户的操作步骤和等待时间,提高系统的易用性和响应速度。

4.安全性与稳定性,保障用户数据安全

体育赛事信息化系统涉及大量用户数据和赛事信息,因此安全性和稳定性是系统设计中不可忽视的重要方面,需要采用先进的安全技术和加密手段,确保用户数据的安全和隐私保护。同时,信息化系统还需要具备强大的稳定性和容错能力,确保在高峰时段和突发情况下能够正常运行并提供稳定的服务。

(二)信息化互动功能

1.观众投票功能,增强其参与感

体育赛事信息化系统应支持观众投票功能,让观众能够参与到赛事的决策和评选过程中来,通过设置各种投票选项和规

则,可以激发观众的参与热情,让他们感受到自己的声音被重视和尊重。同时,投票结果还可以作为赛事评选和奖励的依据之一,进一步激发观众的参与感和归属感。

2.评论功能可以促进交流互动

体育赛事信息化系统理应支持评论功能,观众可以在系统上发表自己对赛事的看法和观点,与其他观众进行交流和互动。这种互动不仅可以增强观众的参与感和归属感,还可以促进赛事文化的传播和发展。同时,信息化系统还可以对评论进行筛选和管理,确保评论内容的健康和积极。

3.社交媒体分享,扩大赛事影响力

为了满足观众在社交媒体上分享赛事信息的需求,体育赛事信息化系统需要提供社交媒体分享功能,观众可以将自己喜欢的赛事信息、图片、视频等内容分享到社交媒体上,让更多的人了解和关注赛事。这种分享不仅可以扩大赛事的影响力,还可以吸引更多的潜在观众关注和参与赛事。

4.个性化推荐提升用户体验

为了进一步提升观众的观赛体验,体育赛事信息化系统还可以提供个性化推荐功能,通过分析观众的兴趣爱好和观赛历史记录等数据,系统可以向观众推荐符合其个人喜好的赛事信息和相关内容。这种个性化推荐不仅可以提高观众的满意度和忠诚度,还可以促进赛事的商业化运营和发展。

(三) 个性化推荐

1.用户兴趣分析

为了实现个性化推荐,信息化系统需要对用户的兴趣进行深入分析,这包括收集用户的浏览历史、搜索记录、点赞和评论等数据,以了解用户对不同类型体育内容的偏好。通过分析这些数据,系统可以为用户构建精准的兴趣画像,为后续推荐提供依据。

2.个性化推荐算法

基于用户兴趣分析,信息化系统应采用先进的个性化推荐算法,为用户提供定制化的内容推荐。这些算法可以综合考虑内容的热度、时效性、相关性以及用户的个性化需求,从而为用户推送最符合其兴趣的内容。例如,对于喜欢篮球的用户,系统可以推荐篮球比赛的精彩集锦、球员专访等。

3.推荐内容多样性

在个性化推荐过程中,信息化系统应确保推荐内容的多样性,除了根据用户兴趣推荐相关内容外,还可以适当引入一些用户可能感兴趣的新领域或新话题,以拓宽用户的视野,这种多样化的推荐策略有助于提升用户的使用体验和满意度。

4.推荐效果评估与优化

为了不断提高个性化推荐的效果,信息化系统需要建立推荐效果评估机制。通过收集用户对推荐内容的反馈数据,如点击率、观看时长、点赞数等,系统可以评估推荐算法的有效性和准确性。根据评估结果,系统可以及时调整推荐策略和优化算法参数,以提供更好的服务。

5.保障用户隐私安全

在进行用户兴趣分析和个性化推荐过程中,信息化系统必须严格保护用户的隐私安全,系统应采取加密、匿名化等安全措施,确保用户数据的安全性和保密性。

三、高效的赛事管理需求

(一)赛事规划与调度

1.赛程安排智能化

在赛事规划过程中,赛程安排是至关重要的一环,高效的信息化管理系统应具备智能化的赛程安排功能,能够根据参赛队伍数量、比赛项目、场地条件等因素,自动或半自动地生成合理的赛程安排。这不仅能够节省组织者大量的时间和精力,还能确保比赛的顺利进行。

2.场地分配最优化

场地分配是赛事规划中的一个重要环节,信息化系统应能够根据比赛项目的要求、参赛队伍的数量和规模,以及场地的实际条件,实现场地分配的最优化。通过合理的场地分配,可以最大限度地利用场地资源,避免场地冲突和浪费,提高比赛的效率和质量。

3.赛事变更快速响应

在赛事进行过程中,可能会出现一些意外情况,如天气变化、设备故障等,这些都可能对赛事的正常进行产生影响。因此,高效的信息化管理系统应具备快速响应赛事变更的能力,能够根据实际情况及时调整赛程安排和场地分配,确保比赛的顺利进行。

4.数据可视化支持

为了方便组织者进行赛事规划和调度,系统应提供数据可视化支持,通过图表、图像等形式展示赛事相关的数据和信息,使组织者能够更直观地了解赛事的进展情况和资源利用情况,从而做出更科学的决策。

(二)人员管理

1.参赛人员注册与验证

为了确保比赛的公平性和安全性,系统应对参赛人员进行严格的注册和验证。通过在线注册系统,参赛人员可以提交个人信息和参赛资料,系统对提交的信息进行验证和审核,确保参赛人员的身份和资格符合要求。

2.裁判与工作人员管理

裁判和工作人员是赛事顺利进行的重要保障,信息化系统应对裁判和工作人员进行有效的管理,包括注册、身份验证、权限分配等。通过系统,组织者可以方便地查看裁判和工作人员的基本信息、工作记录等,并根据需要调整他们的权限和职责。

3.人员变动动态更新

在赛事进行过程中,可能会出现一些人员变动的情况,如参赛人员因故退赛、裁判和工作人员临时调整等,信息化系统应能够实时更新这些人员变动信息,并自动调整相关的赛程安排和场地分配,确保比赛的顺利进行。

4.人员培训与考核

为了提高裁判和工作人员的专业水平和综合素质,信息化系统应提供人员培训和考核功能。通过在线培训平台和考核系统,组织者可以对裁判和工作人员进行定期的培训和考核,并根据考核结果调整他们的职责和权限。这不仅可以提高裁判和工作人员的专业水平,还可以提升整个赛事的水平和质量。

(三)物资与设备管理

1.物资与设备的全面跟踪

在体育赛事中,物资与设备的跟踪管理至关重要,这一环节涉及赛事的顺利进行以及资源的高效利用。通过信息化手段,可以实现对物资和设备从采购、入库、使用到报废全生命周期的精准掌控。在采购环节,通过数据分析确定合理的采购量和采购时间,避免资源的浪费;在入库和使用环节,利用信息化系统记录每一次的物资出入和设备使用情况,确保资源的流向清晰可追溯;在报废环节,对废旧物资和设备进行合理处理,最大程度地减少环境污染。全面的跟踪管理,不仅保障了赛事的顺利进行,也为后续的物资和设备优化提供了数据支持。

2.资源的合理分配与调度

资源合理分配是确保体育赛事顺利进行的关键,信息化系统通过收集和分析历史数据,能够预测未来赛事对物资和设备的需求,从而提前进行资源的合理配置。在赛事进行过程中,系统实时监控物资和设备的使用情况,根据实际需求进行动态调整,确保资源的及时供应和高效利用。此外,通过信息化手段,还可以实现跨地区、跨部门的资源共享和协同,进一步提高资源的利用效率。这种合理的资源分配与调度,不仅保障了赛事的顺利进行,也有效降低了资源浪费和成本支出。

3.有效利用与可持续发展

在体育赛事中,物资与设备的有效利用,是实现可持续发展的重要途径。通过信息化系统,可以对物资和设备的使用情况进行深入分析,发现使用效率低下的原因,并采取相应的改进措施。同时,信息化系统还可以对废旧物资和设备进行回收再利用,延长其使用寿命,减少对新资源的需求。此外,通过与供应商建立长期合作关系,推动供应商采用更加环保、可持续的生产方式,从源头上减少对环境的影响,这种有效利用与可持续发展的理念,不仅有助于提升体育赛事的经济效益,也符合当今社会对绿色、环保的追求。

第二章 信息网络技术与体育赛事管理的深度融合

第一节 体育赛事管理的信息化框架构建

一、体育赛事管理信息化系统的基本结构

体育赛事管理信息化系统并非孤立存在,而是与组织的其他信息管理系统紧密相连,共同构成组织信息系统的核心架构,这一系统深入到组织管理的每个环节,全面覆盖管理业务的多个层面,其结构呈现为一种包含各类子系统的综合框架。从概念层面解析,体育赛事管理信息化系统主要由四大要素组成:信息源、信息处理器、信息用户及信息管理者(如图2-1所示)。信息源顾名思义,是各类信息的发源地。在体育赛事管理中,它涵盖运动员数据、赛事安排、成绩记录等多元信息,这些信息是系统运行的基础,为后续的信息处理提供原始材料。信息处理器则承担着信息的传递、加工与保存等关键职能。它确保信息在系统中的流畅运转,对原始数据进行清洗、整合和分析,最终转化为对决策有辅助作用的有效信息。这一环节对于提升体育赛事管理的智能化水平和运行效率至关重要。信息用户,即这些经过处理的信息的使用者,通常包括赛事组织

者、教练团队、运动员等,利用这些信息来进行决策,比如调整训练计划、优化比赛策略等,从而确保体育赛事的顺利进行。其中,信息管理者在整个系统中扮演着设计者与维护者的角色。他们不仅负责信息系统的初始搭建,确保其符合体育赛事管理的实际需求,还要在系统运行过程中进行持续的监控和维护,保障信息的准确性和系统的稳定性。随着体育赛事信息管理系统日益复杂,其应用范围也在不断拓宽,这使得系统与组织之间的关系变得更加紧密且多变。一方面,组织的战略规划、运营模式和业务流程越来越依赖于信息系统的支持;另一方面,信息系统的硬件基础、软件应用、数据库管理以及通信技术之间的关联性也在不断加强。这种相互依赖的关系意味着,系统中的任何一个组成部分发生变化,都可能引发其他部分的相应调整,以确保整个系统的协调运作。因此,体育赛事管理信息化系统不仅是一个技术平台,更是组织高效运作不可或缺的一部分。

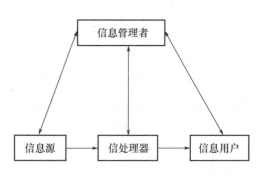

图 2-1　体育赛事管理信息化系统的总体结构

信息源是信息的产生地;信息处理器是用来进行信息的传

输、加工、保存等任务的设备;信息用户是指信息的使用者,信息用户可以应用信息进行决策;信息管理者负责信息系统的设计实现,并在实现以后负责信息系统的运行、协调和维护。管理信息系统的分类有两种方法:根据部件之间的联系划分和根据处理内容和决策层次划分。

二、体育赛事信息化框架的核心内容

(一)中国体育项目管理信息化系统

中国体育项目管理信息化系统是一个综合性强、功能全面的管理平台,这一系统的设计,紧密契合了各体育项目管理中心以及各省(市、区)体育管理部门的实际工作需求、业务流程,系统自上而下构建,涵盖了办公自动化、注册管理、赛事管理、外事管理、运动管理、决策支持、电子商务,以及教练员竞训等八大子系统,进一步细分为90多个模块,以满足体育管理各个方面的需求。该系统具备多样化的功能,包括但不限于信息的录入与审批、赛事的详细编排、现场成绩的实时录入、成绩的处理与即时发布。通过互联网,用户可以轻松地发布赛事信息,开展广告招商,进行电子商务活动,从而大幅提升了信息传播的速度和广度。此外,系统还能对比赛的音像资料进行数字化加工,便于长期保存与随时调用;同时,利用计算机技术对比赛数据进行深入分析,为教练员和运动员提供科学的训练与比赛指导。更为便捷的是,该系统能自动生成各类统计报表和图表,使得用户可以直观地了解和分析各项数据,进而做出明智的决策。这一系统的应用,不仅极大地提高了办公效率,还优化了管理流程,为决策者提供了有力的数据支持,同时也提升了服务质量。如图 2-2 所示。

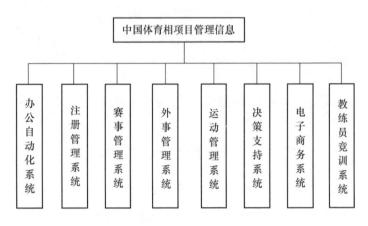

图 2-2　中国体育项目管理信息化系统

值得一提的是,这一系统的采用,推动了体育训练与比赛的科学化、电子化和信息化。无论是在日常训练的管理,还是在赛事的组织与执行上,都显现出其高效与便捷。它不仅简化了复杂的工作流程,还提高了数据的准确性和即时性,让体育管理和训练更加精细和科学。

(二) 大型运动比赛的筹备组织管理信息化软件系统

大型运动比赛的筹备组织管理软件系统,其设计理念源于对整个赛事自筹备至收尾的全方位考量。这一系统不仅仅是技术的结晶,更是对赛事管理流程深刻理解的体现。为了确保赛事的顺利进行,系统被细分为四大子系统,分别是比赛运行管理系统、比赛保障管理系统、比赛监督管理系统以及市场开发管理系统。而在这四大系统之下，又进一步细分为 10 多个功能模块，每个模块都承载着特定的任务，共同确保赛事的高效运转。这一系统涵盖了从人员信息管理到赛事结果反馈的全流程。在人员信息管理方面，系统能够实现信息的录入、上报审批、审批处理以及审批结果的及时反馈，极大地提高了工作效率，减少了不必要的等待时间。在比赛管理方面，从编排赛事日程，到现场成绩的快速录入，再到名次的即时排定和积分信息的更新，每一项工作都得益于系统的精准与高效。更为出色的是，该系统充分利用了互联网的优势，不仅实现了赛事信息的快速发布，还为广告招商和电子商务活动提供了平台。通过这些功能，赛事的影响力和商业价值得到了显著提升。同时，系统还能对比赛的音像资料进行数字化高清处理，这不仅便于资料的长期保存，也为后续的赛事回顾和分析提供了便利。而且，利用计算机科学技术，该系统还能对比赛资料进行深度分析，帮助决策者更好地理解比赛状况，为未来的赛事规划和策略制定提供数据支持。此外，系统还能自动生成各类统计报表和图表，这些直观的数据展示方式，使得各方能够迅速把握赛事的整体状况，从而做出更为明智的决策。如图 2-3 所示。

（三）中国体育赛事竞技体育管理信息化系统

中国体育赛事竞技体育管理信息化系统包括了业务核心平台子系统与人员注册管理子系统与 IC 卡管理中心三大部分（图 2-4）。

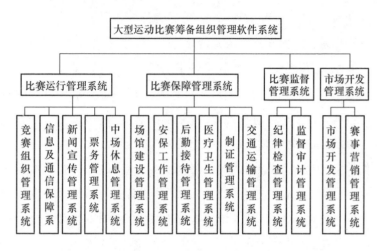

图 2-3　大型运动比赛筹备组织管理信息化软件系统

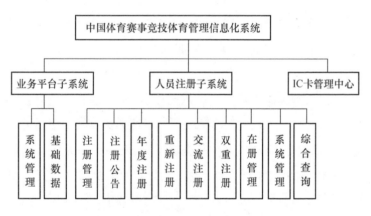

图 2-4　中国体育赛事竞技体育管理信息化系统

(四)运动员档案管理信息化系统

运动员档案管理信息化系统的主要功能是对运动员的档

案进行管理,并对参赛记录进行管理。该系统共分为两个模块,主要实现对运动员的建档及对建档进行添加、删除、编辑等功能,字段有:编号、姓名、出生日期、性别、民族、政治面貌、主修项目、联系方式、备注等。除了实现以上功能外,还要对运动员的记录进行模糊查询,查询的条件通过运动员的编号、姓名、性别或主修项目等字段进行查询。运动员档案管理信息化系统模块功能结构如图 2-5 所示。

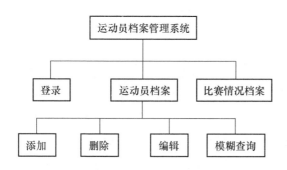

图 2-5 运动员档案管理信息化系统模块功能结构图

三、体育赛事信息化框架构建的主要方法

(一)明确构建目标与原则

1.确定核心目标

体育赛事信息化框架构建的目标在于打造一个高效、智能、安全的赛事管理平台,以优化赛事组织流程、提升服务质量、保障信息安全和进行隐私保护,进而推动体育产业的数字化转型和可持续发展。具体而言,体育赛事信息化框架的核心

目标旨在实现赛事管理全面智能化。通过集成先进的信息技术,构建一套完整的赛事管理系统,实现对赛事筹备、组织、运营等各个环节的实时监控和高效管理。这不仅可以提高赛事组织效率,降低运营成本,还能为参赛者、观众和媒体提供更加便捷、丰富的服务体验。同时,体育赛事信息化框架的构建还致力于提升服务质量。通过引入大数据、人工智能等先进技术,对赛事数据进行深度挖掘和分析,为赛事策划、宣传推广、观众互动等提供精准的数据支持和决策参考。此外,还可以利用信息技术手段优化观赛体验,如提供高清流畅的视频直播、丰富的互动功能等,让观众享受更加精彩的赛事盛宴。在信息安全和隐私保护方面,体育赛事信息化框架的构建也提出了严格要求。通过建立完善的信息安全管理制度和技术防护措施,确保赛事数据的完整性和安全性。同时,加强对个人信息的管理和监管,防止信息泄露和滥用,保护参赛者、观众等的合法权益。

2.遵循基本原则

(1)安全保密原则

体育赛事信息化涉及大量的个人隐私信息,如运动员信息、比赛成绩、观众数据等,这些信息的安全性和保密性对于赛事的顺利进行和参与者的合法权益具有重要意义。这要求在信息化过程中,应建立健全的数据防护体系,采用先进的技术手段和管理措施,确保数据的安全性和保密性。这包括加强网络安全防护、采用数据加密技术、建立数据备份和恢复机制等。同时,对于参与赛事信息化建设的各方,应签订保密协议,明确各方的保密责任和义务,确保信息不被泄露和滥用。

(2)服务用户原则

体育赛事信息化的最终目的是更好地为用户提供服务,满足用户的需求和期望。这要求在信息化过程中,应充分考虑用户的需求和体验,从用户的角度出发,设计和开发符合用户需求的信息化系统。这包括提供便捷的赛事报名渠道、准确的比赛成绩查询、丰富的观赛体验等。同时,应加强对用户数据的分析和挖掘,了解用户的需求和偏好,为用户提供更加个性化的服务。此外,还应建立用户反馈机制,及时收集和处理用户的意见和建议,不断改进和优化信息化系统。

通过引入新技术、新理念,推动赛事信息化工作不断向前发展,提高赛事管理水平和运营效率。

(二)设计信息化框架的核心组成

1.数据采集与管理系统

数据采集与管理系统是体育赛事信息化框架的基础组件,这一系统的核心功能是实时、准确地捕捉和整理赛事相关的各类数据,它涵盖了从运动员报名信息、赛事日程、比赛成绩到观众反馈等全方位的数据采集。通过高效的数据录入和验证机制,确保数据的真实性和完整性,为后续的数据分析提供坚实的基础。同时,该系统还需具备强大的数据管理功能,包括数据的分类存储、备份恢复、权限控制等,以保障数据的安全性和可用性。此外,为了满足不同用户的需求,数据采集与管理系统还应支持多样化的数据导出和报表生成功能,便于用户进行进一步的数据分析和利用。

2.信息处理与分析模块

信息处理与分析模块是体育赛事信息化框架中的关键环节,该模块主要负责对采集到的数据进行深入的处理和分析,以挖掘数据中的潜在价值。这包括利用大数据技术对数据进行清洗、整合和挖掘,以发现数据之间的关联性和趋势。通过构建数据模型和算法,对赛事的各个方面进行预测和优化,如比赛结果预测、观众行为分析等。这些信息处理与分析的结果不仅可以为赛事组织者提供决策支持,还可以为赞助商和媒体提供有价值的市场分析和营销策略。同时,该模块还应支持可视化展示功能,通过图表、报表等形式直观地呈现数据分析结果,便于用户快速理解和利用。

3.信息服务与交互平台

信息服务与交互平台是体育赛事信息化框架中直接面向用户的部分,该平台的主要功能是提供实时的赛事信息、成绩查询、赛程安排等服务,以满足参赛者、观众和赞助商的信息需求。通过构建用户友好的界面和流畅的信息交互流程,提升用户的使用体验。同时,信息服务与交互平台还应支持多渠道的信息发布和接收方式,如移动应用、社交媒体等,以适应不同用户的使用习惯。此外,为了增强用户的参与感和互动性,该平台还应提供用户反馈机制,及时收集并处理用户的意见和建议,不断优化服务质量和用户体验。这一平台也是组织方与公众沟通的重要桥梁,有助于提升赛事的知名度和影响力。

（三）实施与持续优化

1.技术选型与集成是奠定信息化框架的坚实基础

体育赛事信息化框架的构建,首要任务在于技术选型与集成,这一过程要求深入调研市场,选择那些经过广泛验证、成熟可靠的技术方案和软硬件设备。技术的成熟度和可靠性是确保信息系统稳定运行的基础,而可扩展性则保证了系统能够随着赛事规模的扩大和需求的增长而平滑升级。在实现技术选型的同时,还需注重不同系统之间的无缝集成。这包括数据交互的标准化、流程设计的连贯性,以及各模块之间的协同工作。通过集成,可以实现信息的共享和流程的自动化,从而提高工作效率,减少人为错误。此外,数据一致性也是集成过程中的重要考量,它确保了各个系统之间的数据能够准确对应,为赛事决策提供可靠依据。

2.提升信息素养,推动信息化服务普及

培训的内容应涵盖信息化的基础知识、操作系统的具体技能,以及信息安全和隐私保护的意识。通过培训,可以提升人员的信息素养,使他们能够更好地适应信息化的工作环境,并充分利用信息化工具提高工作效率。同时,宣传推广也是不可或缺的一环。通过多种渠道,如内部通信、社交媒体、宣传海报等,向用户普及信息化服务的内容和优势,提高他们的知晓率和使用率。这样不仅可以促进信息化服务的广泛应用,还能为赛事的信息化管理创造良好的氛围。

第二节 信息网络技术在运动员 管理中的应用

一、运动员个人信息管理

(一)基本信息管理

1.信息记录与存储

随着信息技术的飞速发展,运动员信息管理系统已经不再是简单的数据存储工具,而是成为一个全面、高效、智能的数据管理平台。这一平台通过信息网络技术,能够全面、准确地记录运动员的各项基本信息,为体育赛事的顺利进行提供坚实的数据支撑。运动员信息管理系统的信息记录功能,涵盖了运动员的多个方面。从个人基础数据开始,系统详细记录了每位运动员的姓名、年龄、性别、身高、体重等基本信息。这些信息不仅是运动员身份识别的关键,也是后续数据分析的基础。同时,系统还注重运动员运动经历和成绩的记录。运动员在各项比赛中的成绩、获奖情况、训练表现等都被详细记录,形成了一个完整的运动员信息档案。在信息存储方面,运动员信息管理系统采用了高效的数据库技术。数据库技术具有数据结构化、存储高效、易于查询等特点,能够确保运动员信息的完整性和安全性。系统通过合理的数据库设计,将运动员信息分门别类地存储在数据库中,方便后续的查询和检索。同时,系统还采取了多种安全措施,如数据加密、备份恢复等,确保运动员信息不被泄露或丢失。而且,运动员信息管理系统的信息记录与存储功能,不仅为管理人员提供了全面、准确的运动员信息,也为数据分析提供了丰富的数据源。并且,运动员信息管理系统的应用,不仅提高了体育赛事管理的效率和准确性,也促进了体育赛事的可持续发展。通过系统化管理运动员信息,可以更好地发挥运动员的潜力,提高运动员的竞技水平。同时,系统还可以为赛事组织者和赞助商提供有价值的数据支持,促进体育赛事的商业化运营。

2.信息查询与检索

在体育赛事运动员基本信息管理中,信息查询与检索功能同样至关重要,这一功能使得管理人员能够迅速、准确地获取所需数据,为运动员的训练、比赛和赛事策划提供有力支持。信息查询与检索功能的高效性体现在其便捷性和准确性上。通过简单的操作界面和灵活的查询条件设置,管理人员可以快速定位所需的运动员信息。无论是查找某位运动员的详细档案,还是对比多位运动员的历史成绩,系统都能迅速给出结果。这种高效性不仅提高了管理人员的工作效率,也确保了信息的准确性和可靠性。通过查询运动员的详细信息,管理人员可以全面了解运动员的身体状况、训练记录、比赛成绩等方面的情况。这些信息有助于管理人员更好地了解运动员的潜力和特长,为运动员的训练和比赛提供更有针对性的指导。在赛事策划和决策方面,信息查询与检索功能也发挥着重要作用。通过对历史数据的分析,管理人员可以预测运动员的未来表现,为赛事策划提供数据支持。同时,系统还可以根据运动员的实际情况,为赛事组织者提供合理的比赛安排和赛程规划建议,确保赛事的顺利进行。此外,信息查询与检索功能还促进了体育赛事的商业化运营。通过提供准确、全面的运动员信息,系统为赞助商提供了有价值的商业资源。赞助商可以根据这些信息,制订更有针对性的营销策略和广告推广计划,提高赞助效果。同时,系统还可以为媒体提供丰富的报道素材,增加赛事的曝光度和影响力。

3.信息更新与维护

在体育赛事的激烈竞争中,运动员的状态与表现时刻都在发生变化,体能、技能、心理状态以及竞技水平都随着训练的深入和比赛的历练而不断变化。因此,运动员基本信息的管理不能是一成不变的静态档案,而必须是一个能够实时反映运动员最新状态、灵活应对各种变化的动态系统。信息更新与维护是这一动态系统的核心,它要求信息管理系统具备高度的灵活性和便捷性,以便管理人员能够随时根据运动员的实际情况,对系统中的数据进行修改、补充和完善。无论是运动员的身高、体重等基本生理指标的变化,还是运动员在训练中取得的进步、在比赛中创造的新成绩,都需要被及时准确地记录在系统中。这样的信息更新机制,不仅保证了系统中数据的时效性和准确性,更为后续的训练计划和比赛策略提供了有力的支持。教练和团队可以根据最新的数据,更加精确地评估运动员的状态和潜力,从而为运动员制定更加符合实际需要的训练方案。同时,数据的实时更新也使得教练和团队能够更加敏锐地捕捉到运动员的细微变化,及时调整训练策略,避免潜在的风险和伤害。

4.数据支持与决策分析

在体育赛事的竞技舞台上,每一个细微的决策都可能影响到最终的胜负,因而决策的科学性和准确性显得尤为重要。这一切都离不开完善的信息管理系统和基于数据的深入分析,一个优质的运动员基本信息管理系统,不仅仅是一个数据存储的容器,更是一个能够挖掘数据价值、为决策提供支持的智能平台。它能够对海量的运动员数据进行深度的分析和挖掘,揭示出隐藏在数据背后的规律和趋势。通过对运动员历史成绩的分析,系统可以帮助教练和团队更加清晰地认识到运动员的优势和不足,从而为他们制订更具针对性的训练计划。同时,这些数据还可以为选材、训练监控、比赛策略制定等提供重要的参考。在选材阶段,系统可以根据预设的标准和算法,对潜在的运动员进行全面的评估,帮助教练和团队挑选出最具潜力的苗子。在训练监控阶段,系统可以实时跟踪运动员的训练状态和数据变化,及时发现并纠正潜在的问题。在比赛策略制定阶段,系统可以根据对手的数据和自身的实力对比,为教练和团队提供科学的战术建议和决策支持。

（二）健康状况监测

1.可穿戴设备在健康监测中的前沿应用

在运动员健康状况监测中,信息网络技术结合可穿戴设备展现出了巨大的潜力和优势。这些设备,如智能手环、心率监测仪等,能够实时、准确地收集运动员的生理数据,如心率、血压、血氧饱和度等关键指标。这些数据的收集不再依赖于传统的医疗设备和人工测量,而是通过运动员佩戴的设备自动完成,大大提高了监测的效率和准确性。可穿戴设备的应用不仅限于数据的收集,更重要的是能够实现数据的即时传输和远程监控。通过无线通信技术,运动员的生理数据可以实时传输到教练和医疗团队的设备上,使他们能够随时掌握运动员的身体状况。这种远程监控的能力,使得教练和医疗团队能够及时对运动员的身体状况进行评估和干预,预防运动损伤和疾病的发生。此外,可穿戴设备还能够根据运动员的生理数据提供个性化的健康建议和指导。通过分析运动员的数据,设备可以评估其运动表现、体力消耗和恢复情况,从而给出针对性的训练计划和营养建议。这种个性化的指导,有助于运动员更好地调整自己的训练和比赛状态,提高竞技水平。

2.信息网络技术在数据分析与预测中的作用

信息网络技术在运动员健康状况监测中的一个核心作用便是数据分析和预测,通过对运动员的生理数据进行深入分析,可以揭示出运动员身体状态的变化趋势和潜在问题。例如,通过分析心率数据的变化,可以预测运动员是否面临心脏问题的风险;通过分析血压数据的变化,可以评估运动员的血管健康状况。数据分析和预测的结果可以为教练和医疗团队提供重要的决策支持。教练可以根据运动员的身体状况调整训练计划和比赛策略;医疗团队可以根据预测结果提前采取干预措施,防止运动损伤和疾病的发生。这种基于数据的决策方式,有助于提高运动员的健康管理水平和竞技表现。同时,信息网络技术还可以实现数据的共享和协作。教练、医疗团队和其他相关人员可以通过网络平台共享运动员的生理数据和分析结果,共同讨论和制定健康管理方案。这种协作方式有助于形成跨学科的合力,提高运动员健康状况监测的效率和准确性。

3.信息网络技术对运动员健康管理的深远影响

传统的健康管理模式,往往依赖于人工的测量和评估,这种方式不仅效率低下,而且主观性强,容易受到人为因素的影响,导致评估结果的准确性大打折扣。而信息网络技术的引入,为运动员健康管理带来了革命性的变革。信息网络技术能够实现自动化、智能化的健康监测和管理,大大提高了管理的效率和准确性。通过先进的传感器和监测设备,可以实时采集运动员的生理数据,如心率、血压、血氧饱和度等,并将这些数据实时传输到健康管理系统中进行分析和处理。这样一来,教练和医疗团队就可以及时了解到运动员的身体状况,一旦发现异常,就能立即采取措施进行干预,从而有效避免潜在的健康风险。而且,每个运动员的身体状况、运动能力和训练需求都是不同的,因此,传统的"一刀切"式的健康管理方式显然已经无法满足现代运动训练的需求。而通过网络技术,可以收集和分析运动员的生理数据、训练记录、比赛成绩等多方面的信息,为每个运动员制定针对性的健康管理方案。这不仅有助于提高运动员的健康水平,还能优化运动员的竞技表现,促进运动员的全面发展。

二、训练管理

(一)训练计划制订

1.数据收集与评估

信息网络技术在运动员训练计划制订中起到了至关重要的作用,特别是在数据收集与评估环节,借助先进的传感器技术和运动追踪系统,教练能够实时捕捉运动员在训练中的各项身体数据,如心率、血氧含量、运动轨迹等。这些数据不仅反映了运动员当前的身体状态,还能揭示其潜在的运动能力和提升空间。通过对这些数据的深入分析,教练可以更加精确地评估运动员的体能状况、技术特点和运动效率,从而为制订个性化的训练计划提供科学依据。此外,信息网络技术还允许教练回顾和分析运动员过去的训练表现和比赛成绩。通过对比不同时间段的数据,教练可以洞察运动员的进步轨迹,识别出哪些方面的训练效果显著,哪些方面仍需加强。这种基于数据的评估方法,不仅提高了训练计划的针对性和实效性,还有助于教练及时调整训练策略,确保运动员能够在关键时期达到最佳竞技状态。

2.个性化训练方案的设计

在信息网络技术的支持下,教练能够为每位运动员量身定制个性化的训练方案,这得益于数据驱动的决策过程,其中涉及对运动员身体特征、技能水平、心理状态和恢复能力的全面考量。通过软件分析,教练可以清晰地看到每位运动员的优势与不足,并据此设计出符合其个人特点的训练计划。个性化的训练方案不仅考虑了运动员的整体发展目标,还充分照顾到他们的个体差异。例如,对于力量型运动员,训练计划可能更注重肌肉力量和爆发力的提升;对于技术型运动员,则可能更加强调技术细节的精进和战术意识的培养。通过这种方式,信息网络技术帮助教练实现了训练资源的优化配置,确保每位运动员都能在最适合自己的训练轨道上不断进步。

3.训练计划的动态调整与优化

传统的训练计划往往基于教练的经验和直觉,而在信息时代的背景下,数据成为决策的重要依据。通过持续收集和分析运动员的训练反馈数据,教练可以实时监控训练效果,并根据实际情况对训练计划进行微调。这种动态调整的能力对于保持训练的高效性和针对性至关重要。当运动员在某些方面表现出超乎预期的提升时,教练可以通过增加相关训练的强度和难度,进一步挖掘其潜力;反之,如果运动员在某些训练中遇到瓶颈或表现出疲劳迹象时,教练则可以适时减少训练量或改变训练方式,以降低运动损伤的风险并促进运动员的全面恢复。通过这种方式,信息网络技术不仅提升了训练计划的科学性和灵活性,还为运动员的长期发展和竞技状态的维持提供了有力保障。

(二)训练过程监控

1.GPS 定位系统与实时训练轨迹追踪

在运动员的训练过程中,GPS 定位系统已经成为一个不可或缺的辅助工具,通过 GPS 技术,教练可以精确追踪运动员的训练轨迹,无论是田径场上的短跑冲刺,还是复杂多变的山间长距离越野,GPS 都能为教练提供详尽的运动路径信息。这一技术的引入,不仅极大地丰富了教练的训练手段,也为运动员的训练带来了前所未有的便利。GPS 定位系统的应用,使得教练能够实时了解到运动员的实际运动路径。这不仅有助于教练更加直观地掌握运动员的训练状态,还能帮助他们根据训练场地的情况灵活调整训练策略。例如,在山地越野训练中,教练可以通过 GPS 轨迹分析运动员在不同路段的速度、步频和海拔变化等数据,从而更加科学地规划训练路线和强度,确保训练的有效性和针对性。同时,GPS 定位系统与其他训练数据的结合,也为教练提供了更加深入、全面的运动员表现分析。通过将这些数据与运动员的生理指标、训练计划等进行综合比对和分析,教练可以更加准确地评估运动员在特定路线上的运动表现,如速度耐力、力量分配等。这种基于数据的训练分析方式,不仅提高了训练的科学性和精确性,也为运动员的个性化训练提供了有力的支持。可以说,GPS 定位系统与实时训练轨迹追踪技术的结合,正在重塑着运动训练的新格局,引领着运动员训练向更加智能化、高效化的方向发展。

2.运动传感器与实时运动数据分析

在当今日益发展的体育科技领域中,运动传感器凭借其独特的优势,在训练过程监控中占据了举足轻重的地位。这种小型化的信息网络技术设备,以其高精度、高灵敏度和实时性的特性,成为现代体育训练中不可或缺的一部分。运动传感器能够实时捕捉并记录运动员在运动过程中的各种数据,包括但不限于速度、加速度、步幅等关键指标。这些数据对于教练和数据分析人员来说,是了解运动员训练状态、评估训练效果的重要依据。通过将这些数据通过无线网络实时传输至指定的数据平台,教练可以在第一时间获取运动员的训练反馈,从而及时调整训练计划,确保运动员的训练效果最大化。实时运动数据分析的应用,使得教练的训练工作更加科学、高效。通过对比分析运动员的训练数据,教练可以更加准确地把握运动员的体能状况、技术特点以及训练中的短板。这有助于教练制订出更具针对性的训练计划,帮助运动员在训练中更快地提升竞技水平。同时,数据分析还能揭示运动员在训练中的潜在问题,如技术动作的不规范、训练强度的不足等,从而引导教练和运动员共同改进。此外,长期收集和分析运动员的训练数据,还有助于教练更好地了解运动员的体能发展轨迹和训练效果变化。通过对比不同时间段的训练数据,教练可以评估运动员的训练进步情况,及时发现并纠正训练中的偏差。同时,这些数据还可以作为未来训练的参考依据,帮助教练制订出更加合理、科学的训练计划。

3.信息网络技术对训练效果与运动损伤预防的影响

随着信息网络技术的飞速发展,其在体育领域的应用也日益广泛,特别是在训练过程监控中,信息网络技术的运用不仅极大地提升了训练效果,还有效地降低了运动损伤的风险。在训练效果方面,信息网络技术通过实时追踪和分析运动员的训练数据,为教练提供了前所未有的便利和准确性。教练可以根据运动员的实时数据反馈,及时调整训练计划,确保运动员的训练强度、频率和方式都达到最佳状态。这种精准的训练模式有助于运动员更快地提升竞技水平,实现训练目标。同时,信息网络技术还使得训练过程更加科学、系统,有助于教练制订出更具针对性的训练计划,帮助运动员在训练中更好地发挥自己的优势,弥补不足。而且,在运动损伤预防方面,信息网络技术同样发挥了重要作用。通过实时监测运动员在训练中的身体反应和动作模式,教练可以及时发现潜在的运动损伤风险。例如,当运动员的某些指标出现异常时,如心率过高、肌肉疲劳等,教练可以立即采取相应的预防措施,如降低训练强度、改变训练方式等,从而降低运动损伤的发生率。此外,信息网络技术还可以为运动员提供个性化的康复计划。当运动员受伤后,教练可以根据其历史训练数据和伤情情况,制订出最适合其康复的训练计划。这有助于运动员更快地恢复健康,重新投入到训练中。

三、比赛管理

(一)比赛报名与安排

1.简化流程在线报名,提高效率

传统的报名方式往往需要运动员填写纸质表格,然后递交到组委会,这样的流程既烦琐又耗时。而信息网络技术带来的在线报名系统极大地简化了这一流程。运动员只需在指定网站或平台上填写相关信息,即可完成报名。这样的方式不仅方

便快捷,还减少了纸质材料的使用,符合环保理念。对于组织者而言,在线报名系统也带来了极大的便利。通过系统后台,组织者可以实时查看报名人数、统计参赛选手信息,并根据这些信息快速调整比赛日程和安排。这样的管理方式大大提高了比赛组织的效率,减少了出现人为错误的可能性。此外,在线报名系统还可以根据运动员的报名信息自动进行分类和筛选,帮助组织者更好地了解参赛选手的水平和特点,为比赛的顺利进行提供保障。

2.智能排班与日程安排有助于优化资源配置

在比赛日程安排方面,信息网络技术发挥着重要作用。通过智能排班系统,组织者可以根据参赛选手数量、比赛项目设置、场地设施等因素,自动生成最优的比赛日程。这样的安排方式既考虑了运动员的休息和恢复时间,又充分利用了场地设施资源,确保了比赛的顺利进行。同时,智能排班系统还可以根据实时报名人数和比赛进度进行动态调整。例如,在报名人数超过预期时,系统可以自动增加比赛场次或调整比赛时间,以满足参赛选手的需求。这样的灵活性确保了比赛安排的合理性和公正性。此外,通过信息网络技术的支持,组织者还可以将比赛日程和相关信息实时发布到网站或平台上,方便运动员和观众随时查看和了解比赛进展。

3.数据驱动决策,提升比赛组织水平

在比赛组织过程中,通过在线报名系统和智能排班系统收集的数据,组织者可以深入了解参赛选手的情况、比赛项目的受欢迎程度以及场地设施的使用情况等关键信息。这些数据为组织者的决策提供了有力支持。例如,通过分析报名数据,组织者可以了解参赛选手的年龄分布、性别比例以及技术水平等特征,从而调整比赛项目和规则设置,以更好地满足运动员的需求。同时,通过分析场地设施的使用情况,组织者可以及时发现存在的问题和不足,并进行改进和优化。

(二)成绩统计与分析

1.精确测量与即时成绩记录

在比赛过程中,信息网络技术的运用对于成绩的精确测量和即时记录起到了至关重要的作用。借助高速摄像头和先进的图像处理技术,现在能够以前所未有的精确度测量运动员的成绩。以跳远、跳高等项目为例,这些技术可以捕捉到运动员的每一个动作细节,从而准确测量出跳跃的距离和高度。这种精确的测量方式,不仅确保了比赛成绩的公正性和准确性,还为运动员和教练提供了宝贵的反馈信息。此外,通过信息网络技术,这些测量数据可以即时被记录和传输。这意味着比赛成绩可以在短时间内被公布,让观众、运动员和教练迅速了解比赛结果。这种即时性的成绩记录,极大增强了比赛的紧张感和观赏性,也让相关人员能够及时根据比赛情况做出相应的策略调整。

2.数据驱动的后续训练指导

比赛过程中所收集的成绩数据,不仅用于即时公布成绩,更重要的是为后续的训练提供了有力的数据支持,教练团队可以通过分析这些数据,深入了解运动员在比赛中的表现,包括技术动作的完成度、速度和力量的输出情况等。这些信息对于制订有针对性的训练计划至关重要。例如,如果数据显示运动员在跳远项目中起跳力量不足,教练就可以在后续的训练中增加力量训练的内容。或者,如果运动员在跳高项目中表现出技术动作的不稳定,教练便可以调整训练计划,加强技术细节的磨炼。通过这种方式,信息网络技术使得训练更加科学、系统,有助于运动员在后续的比赛中取得更好的成绩。

3.比赛策略的优化与调整

除了对训练的指导,比赛过程中收集的数据还可以为比赛策略的制定提供参考,通过运用信息网络技术分析历史比赛数据和当前运动员的状态数据,教练团队可以更好地预测运动员在特定条件下的表现,并据此制定出更为合理的比赛策略。例如,在接力赛中,通过分析每位运动员的加速能力和耐力数据,教练可以安排最佳的接力顺序,使团队的整体表现得以最大化。在田赛项目中,根据运动员过去的表现数据和当前的心理、生理状态,教练可以为运动员制订个性化的比赛计划,帮助他们在比赛中发挥出最佳水平。这种基于数据的策略优化,不仅提高了比赛的胜算,也使得比赛过程更加精彩和富有挑战性。

第三节　信息网络技术在赛事流程管理中的运用

一、赛前准备阶段

(一)数字化报名系统

1.在线平台与选手信息快速录入

数字化报名系统,作为一个在线平台,允许选手通过互联网直接提交个人信息,从而完成了传统的烦琐报名流程向数字化的转变。选手只需在平台上填写相关资料,如姓名、年龄、性别、参赛项目等,系统便能迅速将这些信息录入数据库。这一过程中,无须传递任何纸质材料,大大简化了报名的操作步骤。此外,该系统通常配备有智能验证功能,能够在选手填写信息时进行实时校验,确保数据的真实性和完整性。这种即时反馈机制不仅提高了报名数据的准确性,还避免了后续因信息错误或遗漏而引发的种种问题。通过这种方式,数字化报名系统显著提升了报名工作的效率和选手的体验。

2.资格审核与分组安排的自动化

在传统的报名方式中,这些工作往往需要大量的人工参与,不仅耗时耗力,而且容易出错。而现在,系统可以根据预设的规则和标准,自动对选手提交的信息进行筛选和判断,确定其是否符合参赛资格。同时,系统还能根据选手的年龄、性别、技能水平等因素,自动地进行分组安排。这种自动化的处理方式不仅大大提高了工作效率,还确保了分组的公正性和合理性。赛事组织者可以更加专注于赛事的策划和执行,而无须在烦琐的行政工作上花费过多精力。

3.实时更新与动态掌控

数字化报名系统的实时更新功能,使得赛事组织者能够随时掌握参赛选手的最新动态,系统可以即时反映选手的报名情况,包括报名人数、选手信息变更等,从而确保组织者总是能够获得最准确的数据。这种实时性对于赛事的筹备工作至关重要。例如,如果某一项目的报名人数超过了预期,组织者可以及时调整赛事安排或增加相关资源投入,以确保比赛的顺利进行。反之,如果报名人数不足,也可以及时采取措施进行宣传和推广。通过这种方式,数字化报名系统不仅提升了赛事管理的灵活性,还为组织者提供了更为精准和高效的决策支持。

(二)数据分析与预测

1.历史数据深度挖掘与比赛结果预测

在赛前准备阶段,赛事组织者可以依托信息网络技术的强大能力,对参赛选手的历史数据进行深度挖掘和分析。这些数据可能包括选手的过往比赛成绩、训练数据、身体状态信息等。通过对这些数据的细致研究,组织者可以了解每位选手的竞技水平、技术特点、体能状况以及心理状态等关键信息。进而结合比赛规则、场地条件等外部因素,运用先进的算法和模型,对比赛的可能结果进行预测。比赛结果预测不仅能为组织者提供决策参考,还能为观众带来更加精彩的观赛体验。通过预测结果,组织者可以合理安排比赛赛程、制定比赛策略,确保比赛的公平性和公正性。同时,观众也能根据预测结果,提前了解比赛的可能走向,增加观赛的趣味性和期待感。

2.潜在问题发现与风险防控

在数据分析的过程中,赛事组织者还能发现一些潜在的问题和隐患,这些问题可能包括选手的体能瓶颈、技术缺陷、心理状态波动等。通过对这些问题的深入分析和研究,组织者可以提前采取措施进行防范,避免在比赛过程中出现意外情况。例如,如果发现某位选手在近期训练中出现了体能下滑的情况,组织者可以提醒选手加强体能训练,调整比赛策略;如果发现某位选手在比赛中容易受到外界干扰,组织者可以加强比赛场地的管理,确保比赛环境的稳定性。这些措施的实施,有助于降低比赛风险,提高比赛的顺利进行程度。

3.数据分析对赛事准备与管理的促进作用

数据分析与预测在赛前准备阶段的应用,对赛事的顺利进行和成功举办具有重要的促进作用。通过深入挖掘和分析选手的历史数据,组织者可以更加准确地了解选手的竞技水平和比赛状态,为比赛的公正性和公平性提供有力保障。同时,数据分析还能帮助组织者发现潜在的问题和隐患,提前采取措施进行防范,降低比赛风险。此外,数据分析还能为赛事的营销策略提供有力支持。通过分析观众的兴趣点和需求,组织者可以制定更加精准的宣传和推广策略,提高赛事的知名度和影响力。同时,数据分析还能帮助组织者优化赛事资源配置,提高赛事的运营效率和质量。

二、赛中管理阶段

（一）实时监控

1.全方位、多角度的现场监控

借助先进的摄像头技术、传感器以及高速数据传输网络，这一系统能够对比赛现场进行全方位、多角度的实时监控。这不仅确保了比赛的公正性，还为赛事组织者提供了一种高效的管理工具。通过安装在赛场各个关键位置的摄像头，实时监控系统能够捕捉到每一个细节，从运动员的动作到观众的反应，无一遗漏。这种全面的监控能力，使得任何不寻常或违规的行为都能被迅速识别和处理。此外，多角度的监控也为裁判提供了更为准确和全面的判决依据。在出现争议的情况下，裁判可以通过回放监控录像，做出更为公正和准确的决定。这不仅增强了比赛的公平性，也提高了观众对比赛结果的信任度。

2.及时处理突发情况

无论是运动员的意外受伤、设备故障，还是观众席的紧急情况，信息网络技术手段都能在第一时间捕捉到并通过警报系统通知相关人员。这种快速的响应，大大减少了潜在的安全风险，并确保了比赛的顺利进行。同时，信息网络技术手段还能为医疗和救援团队提供关键的信息支持。在运动员受伤的情况下，系统可以迅速定位伤者的具体位置，并提供实时的视频画面，帮助医疗团队做出准确的判断和及时的救治。

3.提升观众观赛体验

信息网络技术手段不仅为比赛的组织和管理提供了便利，还为观众带来了更为丰富和生动的观赛体验。通过高清的摄像头和先进的图像处理技术，观众可以在家中或通过赛场的大屏幕观看到与现场几乎无异的比赛画面。这种沉浸式的观赛方式，使得观众仿佛身临其境，感受到了比赛的紧张与刺激。此外，信息网络技术手段还能为观众提供多元化的观赛角度。无论是运动员的特写镜头，还是赛场全景的鸟瞰图，都能让观众从不同的视角欣赏到比赛的精彩瞬间。这种个性化的观赛体验，不仅满足了不同观众的需求，也进一步提高了比赛的观赏性和吸引力。

（二）体能监测

1.实时监测生理指标,提供科学训练依据

在运动员的训练过程中，体能状况是影响比赛成绩的关键因素。信息网络技术通过体能监测技术，能够实时监测运动员的脉搏、心率、血压等生理指标，为教练团队提供科学的训练依据。这些生理指标是评估运动员身体状态的重要依据，它们反映了运动员在运动中的体能负荷、恢复情况以及对训练的适应性。通过实时监测这些生理指标，教练团队可以及时了解运动员的身体状况，并根据数据变化调整训练计划。例如，当运动员的心率持续升高时，可能意味着运动员的身体已经接近极限，需要降低训练强度或进行休息。而当运动员的血压异常时，则需要关注其是否出现身体不适，是否需要紧急处理。不

仅提高了训练的针对性和有效性,也减少了因盲目训练而引发的运动损伤。通过科学的数据分析,教练团队可以更好地掌握运动员的体能状况,为运动员制订更为合理的训练计划,提高训练效果。

2.促进运动员自我认知,制订合理计划

信息网络技术不仅为教练团队提供了科学的数据支持,也帮助运动员更好地了解自己的身体状况。通过实时监测生理指标,运动员可以清晰地看到自己在训练中的体能变化,了解自己的身体状态和训练效果。这种自我认知的提升,有助于运动员更加主动地参与训练,制订更为合理的训练和比赛计划。例如,在发现自己的心率和血压在特定训练项目中波动较大时,运动员可以主动调整训练强度或方式,避免因过度训练导致的身体损伤。同时,运动员还可以根据体能监测数据,制订个性化的营养计划和恢复计划,促进身体的恢复和提高。

3.推动体能监测技术的创新与发展

随着信息网络技术的不断发展和应用,体能监测技术也在不断创新和完善。未来,体能监测技术将更加智能化、精准化,能够实时监测更多生理指标,如血糖、血氧饱和度等,为运动员提供更加全面的身体状态评估。

(三)在线评分

1.评分的自动化实现

信息网络技术的迅猛发展为赛事评分带来了革命性的变革。在线评分系统的出现,使得赛事组织者能够高效地实现评分的自动化。这一系统通过预设的比赛规则和评分标准,能够自动对选手的表现进行评分,极大地提高了评分的速度和准确性。在传统的评分方式中,裁判需要手动记录和分析选手的表现,这不仅耗时耗力,而且容易受到主观因素的影响。而在线评分系统通过精确的算法和数据分析,能够在短时间内给出客观、公正的评分结果。此外,自动化评分还意味着评分数据的即时性和可追溯性。系统可以实时更新和展示选手的得分情况,方便观众和组织者随时了解比赛进展。同时,所有的评分数据和记录都可以被保存和回溯,为后续的审核和分析提供了有力的数据支持。

2.提高评分准确性与效率

在线评分系统的应用,显著提高了评分的准确性和效率。准确性方面,系统通过精确的算法和丰富的数据支持,能够更准确地评估选手的每一个动作和表现。无论是技术的细腻度、动作的难度还是创新的元素,系统都能给出恰当的评分。在效率方面,传统的评分方式中,裁判需要花费大量时间进行手动评分和核算,而在线评分系统则能在短时间内完成这些工作。这不仅为赛事组织者节省了时间和人力成本,也使得比赛结果能够更快速地公布,增强了观众的观赛体验。同时,高效的评分系统还有助于提升赛事的整体运营水平,使比赛更加流畅和专业。

第三章　体育赛事组织实施与信息网络技术支撑

第一节　信息网络技术在赛事策划与组织中的应用

一、信息网络技术在赛事策划中的运用

(一)信息网络技术与赛事策划的融合

1.赛事信息管理平台的构建

信息网络技术使得赛事信息管理平台的构建成为可能。通过该平台,赛事策划者可以方便地管理赛事的各类信息,包括参赛选手资料、比赛项目安排、赛事日程等。这种集中化的信息管理方式提高了工作效率,确保了数据的准确性和一致性。

2.线上报名与赛事费用管理

借助信息网络技术,赛事策划者可以开展线上报名工作,并管理赛事费用。参赛者可以通过在线平台完成报名手续,并支付相应的参赛费用。这种方式简化了报名流程,降低了组织

成本,并为参赛者提供了便捷的报名体验。

3.实时数据更新与信息共享

信息网络技术能够实现赛事数据的实时更新与共享。通过相关系统,赛事策划者可以及时获取比赛成绩、选手信息等数据,确保各方能够迅速了解赛事进展。同时,这些数据还可以为媒体和观众提供实时的赛事信息,增强比赛的观赏性和参与度。

(二)信息网络技术在赛事宣传与推广中的应用

1.网络直播与在线互动

利用信息网络技术,体育赛事可以实现网络直播,并通过在线互动功能增强观众的参与感。观众可以通过网络观看比赛,实时参与讨论和投票,与选手和其他观众进行互动交流。这种直播方式扩大了赛事的观众基础,提高了比赛的知名度和影响力。

2.社交媒体宣传与营销

信息网络技术使得赛事策划者可以利用社交媒体平台进行赛事宣传和营销。通过发布精彩瞬间、选手故事等内容,吸引粉丝关注和转发,进而扩大赛事的影响力。同时,赛事策划者还可以与粉丝进行互动,增强粉丝的忠诚度和参与度。

3.数据分析与精准营销

信息网络技术为赛事策划者提供了丰富的数据资源和分析工具。通过对观众行为、选手表现等数据的深入挖掘和分析,策划者可以更准确地了解观众需求和偏好,制定精准的营销策略。这种基于数据的营销方式提高了宣传效果,吸引了更多潜在观众的关注。

(三)信息网络技术对赛事组织与执行的支持

1.智能化场地管理与设备监控

信息网络技术使得场地管理和设备监控更加智能化。通过安装传感器和监控系统,策划者可以实时监测场地环境、设备状态等信息,确保比赛场地的安全性和舒适性。同时,这些数据还可以为策划者提供决策依据,优化场地布局和设备配置。

2.比赛流程自动化与信息化管理

信息网络技术可以实现比赛流程的自动化和信息化管理。通过相关系统,策划者可以方便地安排比赛日程、管理选手信息、记录比赛成绩等。这种方式提高了工作效率,减少了人为错误,并确保了比赛数据的准确性和可追溯性。

3.紧急应对与安全保障

在体育赛事中,安全保障是至关重要的。信息网络技术为赛事策划者提供了紧急应对和安全保障的手段。通过智能监控系统、应急通信网络等技术手段,策划者可以及时发现并处理安全隐患,确保比赛过程的安全性和稳定性。

二、信息网络技术在赛事组织中的运用

(一)赛前准备阶段的信息化布局

1.赛事信息发布与宣传

信息网络技术在赛事组织中的运用,首先体现在赛事信息

的发布与宣传上。通过官方网站、社交媒体平台等渠道,赛事组织者可以迅速将赛事的基本信息、赛程安排、参赛要求等内容传达给广大参赛者和观众。这种信息传播方式不仅速度快、覆盖面广,而且可以实现信息的实时更新和互动交流,有效提升了赛事的知名度和影响力。

2.选手报名与资格审核

借助信息网络技术,赛事组织者可以建立在线报名系统,实现选手的在线报名和资格审核。选手只需通过系统提交个人信息和参赛项目,系统便可自动进行资格审核,并实时反馈审核结果。这种方式不仅提高了报名和审核的效率,还降低了人力成本,确保了报名信息的准确性和安全性。

3.赛事物资筹备与管理

在赛前准备阶段,信息网络技术还可以帮助赛事组织者进行赛事物资的筹备与管理。通过建立物资管理系统,组织者可以实时掌握各类物资的库存情况、采购进度和使用情况,确保赛事进行期间物资的充足供应和合理使用。

(二)赛事进行中的信息化支撑

1.比赛现场的信息采集与传输

在赛事进行过程中,信息网络技术发挥着至关重要的作用。通过安装摄像头、传感器等设备,系统可以实时采集比赛现场的视频、音频、数据等信息,并将这些信息传输到指定的服务器或终端设备上。这不仅为观众提供了更加丰富的观赛体验,还为赛事组织者提供了实时掌握比赛情况、进行数据分析的依据。

2.成绩统计与分析

信息网络技术在成绩统计与分析方面的应用尤为突出。通过建立成绩统计与分析系统,组织者可以快速、准确地统计和分析选手的成绩数据。系统能够自动生成比赛成绩表、排名表等统计结果,为赛事组织者提供全面的数据分析报告。这些报告不仅可以帮助组织者了解选手的竞技水平,还能发现比赛中存在的问题和不足,为今后的赛事组织提供有益的参考。

3.赛事安全与保障

信息网络技术还为赛事的安全与保障提供了有力支持。通过安装监控设备、建立安全管理系统等手段,组织者可以实时监控比赛现场的安全情况,及时发现并处理各种安全隐患。同时,系统还可以对参赛者和观众的身份信息进行验证和管理,确保赛事的公平性和安全性。

(三) 赛后总结与反馈的信息化处理

1.赛后总结报告的生成

在赛事结束后,信息网络技术可以帮助组织者生成赛后总结报告。通过收集和分析比赛期间的各种数据和信息,系统可以自动生成包含赛事概况、成绩分析、问题反馈等内容的总结报告。这份报告不仅为组织者提供了对赛事的全面回顾和总结,还为今后的赛事组织提供了宝贵的经验和参考。

2.观众反馈的收集与分析

观众是赛事的重要组成部分,他们的反馈对于改进赛事组织工作具有重要意义。通过建立在线反馈系统或调查问卷等方式,组织者可以收集观众对赛事的意见和建议。系统可以对这些反馈进行整理和分析,发现观众的需求和期望,为今后的赛事组织提供有益的参考和改进方向。

3.赛事数据的归档与再利用

在赛事结束后,组织者需要对赛事数据进行归档和保存。信息网络技术可以帮助组织者建立赛事数据库或数据仓库,将赛事进行期间产生的各种数据和信息进行集中存储和管理。这些数据不仅为今后的赛事组织提供了重要的参考依据,还可以为相关领域的研究和分析提供有价值的数据支持。

第二节 基于云计算的体育赛事资源管理平台

一、云计算与体育赛事资源管理

(一)云计算技术的优势

1.云计算技术计算功能与资源整合优势

在当今信息化社会,云计算技术已成为各行各业提升效率、优化资源配置的关键手段,对于体育赛事资源管理而言,云计算技术的引入无疑是一场革命性的变革。它所带来的弹性资源分配特性,极大地提升了资源管理的灵活性和效率。传统的体育赛事资源管理方式,往往面临着资源分配不均、响应速度慢等问题。特别是在大型赛事举办期间,观众数量激增,数据访问量巨大,对系统的稳定性和处理能力提出了极高的要求。而云计算技术的弹性资源分配功能,能够根据实时需求,动态地调配计算资源。这意味着,在赛事高峰期,系统可以自动增加计算能力,确保高并发访问的顺畅进行;在赛事低谷期,则可以减少资源投入,避免资源浪费。更重要的是,云计算技术不仅仅局限于资源的动态分配。它还能够通过智能分析,预测未来的资源需求,从而提前进行资源调配。这种前瞻性的管理方式,不仅减少了因资源不足而导致的服务中断风险,还大幅提升了用户体验。例如,在赛事直播过程中,通过云计算的实时监控和预测,可以确保画面的流畅传输,避免因网络拥堵而导致的直播中断或画质下降。此外,云计算技术还为体育赛事的资源整合提供了便利。通过云计算平台,可以将与赛事相关的各种资源整合在一起,实现统一管理和调度。这不仅简化了管理流程,还提高了资源的利用效率。比如,赛事组织者可以通过云计算平台,实时掌握各个比赛场地的资源使用情况,根据实际需求进行资源的合理分配。

2.云计算技术确保体育赛事数据安全与成本优化

传统的数据存储方式,虽然也能提供一定程度的安全保障,但在面对黑客攻击或数据损坏等突发情况时,往往显得力不从心。而云计算技术的高可靠性,为体育赛事的数据安全提供了强有力的保障。云计算平台通过先进的数据备份和冗余设计,确保了数据的安全性。即使在极端情况下,如硬件故障或自然灾害,云计算平台也能迅速切换到备份系统,保证数据的完整性和业务的连续性。这对于体育赛事来说,意味着无论发生何种情况,都能确保比赛的顺利进行,不会因数据丢失或系统瘫痪而影响赛事进程。除了数据安全性,云计算技术还能显著降低体育赛事的运维成本。在传统的 IT 架构中,为了应对可能的高并发访问,往往需要提前购置大量的硬件设备,这无疑增加了巨大的成本。而云计算的弹性资源分配特性,使得只需要根据实际使用量来付费,大大降低了初期的投资成本。同时,云计算平台的专业运维团队,也能减少自有的运维人员数量,进一步节约成本。此外,云计算技术还能提高资源的利用率。在传统的 IT 环境中,往往存在大量的资源闲置和浪费现象。而云计算平台通过虚拟化技术,可以将物理资源池化,根据实际需求动态分配资源,从而大大提高了资源的利用率。这不仅有助于体育赛事的资源管理更加高效,也符合当前绿色环保、节约资源的理念。

(二)体育赛事资源管理的挑战

1.体育赛事资源管理的传统挑战

在传统的体育赛事管理中,各个部门和机构往往各自为政,拥有各自独立的数据存储系统。这导致了数据的分散和碎片化,使得在需要整合数据时,往往需要进行大量的数据迁移和转换工作,不仅效率低下,而且容易出现数据丢失或不一致的情况。此外,由于数据存储的分散性,数据的安全性也难以得到保障,一旦某个存储系统遭受攻击或损坏,可能导致整个赛事的数据管理陷入瘫痪。除了数据存储分散的问题,数据处理效率低下也是传统体育赛事资源管理的一大难题。在赛事筹备、进行和后续分析过程中，会产生大量的数据，包括运动员成绩、观众信息、场地使用情况等。而由于传统数据处理方法的局限性，这些数据的处理往往需要耗费大量的人力和时间。而且，由于数据处理效率低下，往往无法及时为赛事决策提供有力支持，影响了赛事的顺利进行。此外，资源共享困难也是传统体育赛事资源管理面临的一个重要问题。由于各部门和机构之间的数据孤岛现象，使得数据资源无法实现有效的共享和利用。这不仅导致了资源的浪费，也限制了赛事管理水平的提升。在赛事筹备阶段，各部门之间的沟通和协作往往因为数据共享困难而受阻，影响了赛事的整体效果。

2.云计算技术对于体育赛事资源管理的影响

云计算技术以其强大的数据存储和处理能力，为体育赛事资源管理带来了革命性的变革。通过云计算平台，可以将各部门和机构的数据资源进行整合，形成一个统一的数据中心。这样不仅可以解决数据存储分散的问题，还可以提高数据的安全性和可靠性。同时，云计算平台还提供了强大的数据处理能力，可以对赛事产生的海量数据进行实时分析和处理，为赛事决策提供有力支持。而且，借助云计算平台的高效计算能力，可以实现对赛事数据的快速处理和分析。这不仅可以减少人工干预，降低错误率，还可以大幅缩短数据处理时间，为赛事决策提供及时准确的数据支持。此外，云计算平台还支持多种数据处理方式，可以根据不同的需求进行灵活配置，满足赛事管理的多样化需求。并且，通过云计算平台，各部门和机构可以方便地访问和共享赛事数据资源,打破了数据孤岛现象。这不仅可以提高资源的利用效率,还可以促进各部门之间的沟通和协作,提升赛事管理水平。同时,云计算平台还提供了丰富的数据接口和 API,方便第三方应用进行数据接入和集成,为赛事管理带来更多的创新可能。

二、基于云计算的体育赛事资源管理平台功能

(一)资源整合与共享

1.云计算技术下的体育赛事资源整合

随着云计算技术的不断发展,其强大的数据存储、处理和分析能力为体育赛事资源的整合提供了强有力的技术支撑。传统的体育赛事资源往往分散于各个赛事组织、媒体平台以及赞助商手中,这种分散的状态不仅导致了资源的浪费,也阻碍了体育赛事信息的快速传播和有效利用。云计算技术的应用,使得体育赛事资源的整合变得高效而便捷。通过云计算平台,可以将来自各个渠道的体育赛事资源进行集中存储,形成一个统一的资源池。这些资源包括赛事视频、图片、文字报道、数据分析等多种类型,涵盖了赛事的各个方面。在资源池的基础上,云计算平台还可以提供强大的数据处理和分析能力,对赛事数据进行深度挖掘,为赛事组织者、媒体和赞助商提供有价值的参考信息。此外,随着赛事规模的不断扩大和资源的不断增加,云计算平台可以轻松地扩展存储和计算能力,满足不断增长的资源需求。同时,云计算平台还可以根据用户的需求和

权限设置,提供个性化的服务,满足不同用户对于体育赛事资源的需求。在资源整合的过程中,安全性也是一个不可忽视的问题。云计算平台通过采用先进的安全技术和加密算法,确保体育赛事资源在存储和传输过程中的安全性。平台还建立了完善的权限管理制度,只有经过授权的用户才能够访问和使用相关资源,有效防止了资源的滥用和泄露。

2.基于权限控制的体育赛事资源共享

体育赛事资源的共享是提升资源利用率、促进体育产业发展的重要途径,然而,在资源共享的过程中,如何确保资源的合理、安全和高效利用,成为了一个亟待解决的问题。基于权限控制的体育赛事资源共享模式,为解决这一问题提供了有效的方案。在基于权限控制的资源共享模式下,每一个用户都需要经过严格的身份认证和权限审核,才能够访问和使用体育赛事资源。同时,通过精细化的权限设置,可以为不同用户提供不同级别的访问权限和使用权限,满足不同用户对于资源的需求。而且在权限控制的基础上,体育赛事资源的共享可以实现更加灵活和多样化的方式。例如,赛事组织者可以通过共享平台发布赛事信息、赛程安排、门票销售等信息,吸引更多的观众和赞助商参与;媒体可以通过共享平台获取赛事视频、图片和文字报道等资源,进行赛事报道和传播;赞助商可以通过共享平台了解赛事的实时数据和受众情况,为赛事赞助提供更加精准和有效的支持。此外,基于权限控制的资源共享模式还可以促进体育赛事资源的创新和发展。通过共享平台,不同领域的专业人士可以共同研究和探讨体育赛事资源的创新应用,推动体育赛事资源的多元化和个性化发展。同时,平台还可以为创新者提供资源支持和技术支持,帮助他们将创新成果转化为实际的商业价值。

(二)数据分析与优化

1.云计算在体育赛事数据分析中的深度应用

随着科技的飞速发展,云计算在体育赛事数据分析中扮演着越来越重要的角色,体育赛事数据分析不仅涉及海量的数据收集,还包括数据的处理、分析和挖掘,这些都需要强大的计算能力和高效的数据处理能力。云计算技术凭借其强扩展性、弹性和成本效益,为体育赛事数据分析提供了理想的环境。在体育赛事数据分析中,云计算提供了巨大的存储空间,可以容纳来自各种渠道的赛事数据,包括实时比赛数据、运动员数据、观众数据等。这些数据通过云计算平台实现集中管理,方便随时访问和分析。而且云计算的强大数据处理能力可以对海量数据进行高效的分析和挖掘,帮助发现隐藏在数据中的规律和趋势,为赛事策划、运动员训练、观众体验等方面提供有价值的参考。此外,云计算的弹性扩展能力也为体育赛事数据分析带来了便利。在赛事结束后,计算资源又可以迅速缩减,避免资源浪费。这种灵活的资源调配方式使得体育赛事数据分析更加高效和经济。在云计算的助力下,体育赛事数据分析可以更加深入和全面。通过对运动员数据的分析,可以了解运动员的体能状况、技术特点、心理状态等,为运动员的训练和比赛提供科学的指导。通过对观众数据的分析,可以了解观众的喜好、行为模式、消费习惯等,为赛事的推广和营销提供有力的支持。同时,云计算还可以将不同来源的数据进行关联分析,揭示出更多有价值的信息。

2.云计算优化体育赛事数据分析的策略与路径

传统的数据分析往往采用串行处理方式,处理速度较慢且容易受到硬件资源的限制。而云计算的分布式计算能力可以将数据分割成多个部分,并在多个计算节点上并行处理,从而大大提高数据处理的速度和效率。而且云计算的弹性扩展能力可以根据数据分析的需求动态调整计算资源。在赛事进行期间,数据分析的需求可能会激增,这时可以迅速扩展计算资源以满足需求。而在赛事结束后,可以缩减计算资源以避免浪费。这种灵活的资源调配方式不仅可以满足赛事进行期间数据分析的需求,还可以降低赛事组织者的成本负担。此外,云计算还提供了丰富的数据分析工具和算法库,可以方便地应用于体育赛事数据分析中。这些工具和算法库不仅具有强大的功能,而且易于使用和集成,可以帮助赛事组织者快速构建自己的数据分析系统。同时,云计算还提供了数据可视化的支持,可以将分析结果以直观、易懂的方式呈现出来,方便赛事组织者理解和使用。在赛事组织中,不同的部门和团队可能需要共同分析同一份数据。通过云计算平台,可以实现数据的共享和协同分析,避免数据孤岛和重复劳动。此外,云计算平台还可以提供数据安全和隐私保护的支持,确保数据在共享和协同分析过程中的安全性和可靠性。

（三）实时监控与预警

1.云计算平台下的体育赛事资源追踪与管理

在现代体育赛事的运营与管理中,云计算平台作为信息技术的前沿阵地,为体育赛事的实时监控提供了强大的技术支持。这一平台不仅能够对体育赛事的各类资源进行全面的跟踪与监控,还能够实时分析数据,为决策者提供精准的运营洞察。而且体育赛事资源涵盖了场馆设施、运动员状态、赛事日程、观众流动等多个方面,云计算平台通过部署在各个环节的传感器、数据收集点以及智能设备,能够实时捕获这些数据,并将其传输至云端进行处理。在云端,强大的数据处理与分析能力使得这些数据能够被迅速转化为有价值的信息,如场馆的实时使用状况、运动员的体能与表现数据、观众的入场与离场动态等。并且云计算平台能够对收集到的数据进行深度挖掘,识别出潜在的问题与风险。例如,通过对场馆人流量的实时监控,平台可以预测出可能的拥堵区域,为场馆管理方提供及时的疏导建议;通过对运动员状态的监控,教练团队可以及时调整训练计划,确保运动员在比赛时处于最佳状态。

2.预警系统是确保体育赛事顺利进行的智能防线

在云计算平台的支持下,体育赛事的预警系统得以更加智能化与高效化,这一系统能够基于实时监控的数据分析,及时发现异常情况,并向相关人员发出预警信号,从而确保体育赛事的顺利进行。预警系统的核心在于其敏锐的异常检测能力与快速的响应机制,云计算平台通过机器学习算法与数据分析模型,能够对大量实时数据进行快速处理,识别出与正常模式不符的异常情况。这些异常情况包括场馆设施的突发故障、运动员的意外受伤、观众的异常行为等。如果发现任何异常情况,预警系统会立即触发响应机制,包括向相关人员发送预警通知、启动应急预案、调动资源进行处理等。例如,在运动员意外受伤的情况下,预警系统会立即通知医疗团队与教练团队,确保运动员能够得到及时的救治与照顾;在场馆设施出现故障时,系统会启动备用设施或调度维修团队进行紧急修复。并且云计算平台会根据历史数据与实际情况,不断调整与优化预警模型的参数与算法,以提高预警的准确性与时效性。这种持续的学习与优化过程,使得预警系统能够更好地适应体育赛事的复杂多变环境,为赛事的顺利进行提供更加坚实的保障。

三、基于云计算的体育赛事资源管理平台的实施

(一)技术选型与架构设计

1.技术选型

(1)稳定性

体育赛事资源管理涉及大量的数据流动和实时处理,系统的稳定性直接关系到比赛的顺利进行和观众的体验。因此在选型过程中,需要选择那些经过市场验证、拥有成熟技术架构和稳定运维能力的云服务提供商。这类供应商通常具备高可靠性的数据中心,并采用多重备份、负载均衡等技术,确保服务的连续性和稳定性。同时,它们还会提供严格的服务等级协议

（SLA），明确服务的稳定性和可用性指标，为用户提供可靠的保障。

（2）可扩展性

体育赛事资源管理系统的需求会随着赛事规模、观众数量等因素的变化而不断变化。而这就显得云计算服务的可扩展性至关重要，一个优秀的云服务提供商应该能够根据用户的需求快速调整资源规模，满足系统的弹性伸缩需求。这包括提供灵活的计费方式，允许用户按需付费，避免资源的浪费；同时，还需要提供丰富的 API 和工具，方便用户进行资源的自动化管理和调度。

（3）安全性

在选型过程中，安全性是一个不可忽视的因素。云服务提供商应该具备完善的安全防护体系，包括物理安全、网络安全、应用安全和数据安全等方面。例如，采用多租户架构、访问控制策略、加密传输等技术手段，确保用户数据的安全性和隐私性。此外，还需要提供安全审计和监控服务，及时发现并处理潜在的安全威胁。

2.架构设计

（1）可用性

体育赛事资源管理系统需要 24 小时不间断运行，以确保比赛的顺利进行。因此，在架构设计时需要采用冗余设计和容错技术，确保系统的高可用性。例如，可以采用分布式架构和负载均衡技术，将系统拆分成多个模块和组件，通过多个节点共同承担负载，提高系统的稳定性和可靠性。同时，还需要建立故障转移和恢复机制,确保在出现故障时能够迅速切换到备用节点,保证服务的连续性。

(2)高并发处理能力

体育赛事进行期间,大量的观众会同时访问系统获取比赛信息。因此,系统需要具备高并发处理能力,以应对突发的高流量冲击。在架构设计时,可以采用异步处理、缓存技术和分布式数据库等技术手段,提高系统的并发处理能力和响应速度。同时,还需要进行充分的压力测试和性能优化,确保系统在高并发场景下能够稳定运行。

(3)数据安全性与完整性

体育赛事资源管理系统涉及大量的敏感数据,如运动员信息、比赛成绩等。因此,在架构设计时需要充分考虑数据的安全性。可以采用数据加密、访问控制、审计和监控等技术手段,确保数据的机密性、完整性和可用性。

(二)数据迁移与整合

1.数据迁移

(1)数据迁移前的准备

在进行数据迁移之前,必须充分了解现有数据的情况,包括数据类型、数据量、数据格式以及数据间的关联性等。同时,需要评估目标云计算平台的技术架构、存储能力、安全性以及稳定性等方面,确保目标平台能够满足数据迁移的需求。

(2)数据迁移策略的制定

制定数据迁移策略时,应考虑到数据的重要性、敏感性和访问频率等因素。对于重要且敏感的数据,应优先迁移,并采用加密传输等安全措施,确保数据在传输过程中的安全性。同时,根据数据的访问频率和大小,可以采取批量迁移或实时迁移的方式,以提高迁移效率和减少对业务的影响。

(3)数据迁移的实施

在实施数据迁移时,需要遵循制定的迁移策略,确保数据的准确性和完整性。首先,应对源数据进行备份,以防在迁移过程中发生数据丢失或损坏。其次,使用专业的数据迁移工具或软件,将数据从源系统迁移到目标云计算平台。在迁移过程中,需要实时监控数据的传输状态,确保数据的完整性和一致性。

(4)迁移后的验证与测试

数据迁移完成后,需要进行验证和测试工作,以确保数据的准确性和完整性。这就需要及时应对迁移前后的数据,检查是否存在差异或遗漏;对迁移后的系统进行测试,包括功能测试、性能测试和安全测试等,确保系统能够正常运行并满足业务需求。

2.数据整合

(1)数据清洗与标准化

在数据整合过程中,需要对迁移过来的数据进行清洗和标准化处理,数据清洗主要是去除重复、错误或无效的数据,确保数据的准确性和可靠性。而数据标准化则是将数据转换为统一的格式和标准,方便后续的数据处理和分析。

(2)数据关联与整合

体育赛事数据通常涉及多个方面和维度,如运动员信息、比赛成绩、观众数据等。在数据整合时,需要将这些不同来源和类型的数据进行关联和整合,形成一个完整的数据集。通过数据关联和整合,可以更好地挖掘数据的潜在价值,为赛事管理和决策提供有力支持。

（3）数据校验与验证

在数据整合完成后,需要进行数据校验和验证工作,以确保数据的一致性和可用性。数据校验主要是通过对比不同来源的数据,检查是否存在差异或矛盾。数据验证则是通过实际业务场景或测试用例来验证数据的准确性和可靠性。只有经过严格的校验和验证,才能确保整合后的数据能够满足业务需求并发挥最大价值。

（4）数据管理与维护

数据整合并不是一次性的工作,而是需要进行长期管理和维护的。在数据管理过程中,需要建立完善的数据管理制度和流程,确保数据的准确性、完整性和安全性。同时,还需要定期对数据进行备份和恢复测试,以防数据丢失或在损坏时能够及时恢复。此外,随着业务的发展和变化,还需要对数据整合方案进行持续优化和升级,以适应新的业务需求和数据环境。

（三）培训与推广

1.强化技能,提升云计算平台使用熟练度

针对云计算平台的操作培训是确保相关人员能够高效、准确地运用这一先进工具的重要环节。培训的目标不仅仅是传授技术知识,更重要的是提升使用者的实际操作能力和问题解决能力,使他们能够在日常工作中熟练、自信地运用云计算平台。培训内容应涵盖云计算平台的基础操作、功能应用、数据管理与分析等方面。通过理论讲解与实践操作相结合的方式,使受训人员能够深入理解平台的各项功能,并学会如何运用这些功能来解决实际问题。同时,培训还应注重培养受训人员的自主学习能力和创新思维,鼓励他们在掌握基础操作后,能够进一步探索平台的潜在功能,为体育赛事的资源管理带来更多的便利和效益。为了确保培训效果,可以采取多种培训方式,如线上课程、线下研讨会、实操演练等。线上课程可以提供灵活的学习时间和地点,使受训人员能够根据自己的安排进行自主学习;线下研讨会则可以为受训人员提供一个面对面的交流平台,促进彼此之间的经验分享和互助学习;实操演练则是巩固理论知识、提升操作技能的重要环节,通过模拟实际工作场景,让受训人员在实践中不断锤炼自己的技能。此外,培训结束后还应进行效果评估,通过测试、问卷调查等方式收集受训人员的反馈意见,了解培训的实际效果,并根据评估结果对培训内容和方式进行不断的优化和改进,以确保培训能够持续、有效地提升相关人员对云计算平台的使用熟练度。

2.扩大影响,促进云计算平台在体育赛事中的广泛应用

宣传推广是云计算平台在体育赛事资源管理中实现广泛应用的重要手段。通过有效的宣传推广,可以让更多的人了解云计算平台的优势和功能,进而促进其在体育赛事中的普及和应用。宣传推广应围绕云计算平台的核心价值展开,突出其在提高资源管理效率、降低运维成本、提供科学决策依据以及确保赛事顺利进行等方面的显著效益。可以通过制作宣传册、举办线上线下讲座、发布案例分享等多种方式,将云计算平台的优势和成功应用案例展示给潜在的用户群体。同时,宣传推广还应注重与目标用户群体的互动和交流,可以通过社交媒体、专业论坛等渠道,与目标用户进行深入的沟通和讨论,了解他们的需求和痛点,并根据这些反馈来优化宣传推广的内容和方式。此外,还可以邀请行业专家、意见领袖等具有影响力的人物来为云计算平台发声,通过其推荐和分享,进一步扩大云计算平台在体育赛事领域的影响力。在宣传推广的过程中,还应注重持续性和创新性。持续性是指要保持宣传推广的力度和频率,不断提醒目标用户群体关注云计算平台的发展和应用;创新性是指要不断探索新的宣传推广方式和渠道,以适应不断变化的市场环境和用户需求。通过持续性和创新性的宣传推广策略,可以逐步扩大云计算平台在体育赛事资源管理中的应用范围,为体育赛事的顺利进行和持续发展提供有力的技术支持。

第三节　信息网络技术对赛事裁判
与成绩管理的改进

一、信息网络技术在赛事裁判方面的改进

(一)提升裁判决策的准确性

1.实时数据分析系统

信息网络技术为赛事裁判提供了实时数据分析系统,该系统能够实时收集比赛数据并通过算法进行快速处理。在比赛中,裁判可以通过手持设备或专业终端获取运动员的实时表现数据,如速度、力量、位置等,以及比赛中的其他关键指标。这些数据为裁判提供了更为准确和全面的信息支持,有助于裁判在关键时刻做出更为公正、合理的决策。

2.视频回放与辅助决策

信息网络技术的应用使得高清视频回放成为可能。裁判可以通过视频回放系统对比赛中的争议性瞬间进行回放和审查。这种技术不仅可以帮助裁判纠正可能的误判,还能为裁判提供更为清晰的比赛画面,辅助其做出更为准确的决策。同时,结合图像识别技术,系统还可以自动识别比赛中的违规行为,为裁判提供更为便捷的辅助决策工具。

3.传感器技术的应用

通过在运动员或比赛设备上安装传感器,信息网络技术可

以实时收集运动员的生理数据和比赛设备的性能数据。这些数据为裁判提供了更为精细化的信息支持,有助于裁判在比赛中对运动员的体能状况和设备状态进行准确判断。例如,在马拉松比赛中,通过监测运动员的心率和步频数据,裁判可以判断运动员是否出现疲劳或受伤情况,从而及时做出调整或干预。

(二)优化裁判工作的流程与效率

1.数据统计与分析工具

信息网络技术为裁判提供了丰富的数据统计与分析工具。这些工具可以帮助裁判对比赛数据进行深入挖掘和分析,发现其中的规律和趋势。通过对比不同运动员或队伍的数据表现,裁判可以更加准确地评估运动员的竞技水平和比赛状态。同时,这些工具还可以帮助裁判预测比赛结果和趋势,为比赛提供更加科学的指导。

2.实时通信与协作平台

信息网络技术的应用使得裁判之间的实时通信与协作成为可能。通过建立实时通信与协作平台,裁判可以在比赛中实时交流、分享信息和讨论问题。这种平台不仅提高了裁判之间的沟通效率,还有助于裁判在比赛中形成统一的认识和判断。在大型比赛中,实时通信与协作平台还可以实现多裁判之间的协同工作,提高比赛的公正性和准确性。

(三)增强赛事裁判的公正性与透明度

1.公开透明的数据展示

信息网络技术的应用使得比赛数据的展示更加公开和透

明。通过在线平台或移动应用等渠道,观众可以实时查看比赛数据、成绩排名等信息。这种公开透明的数据展示不仅增强了观众对比赛的信任度,还有助于观众了解裁判的决策依据和过程。同时,这种数据展示也为媒体和公众提供了监督裁判工作的有效途径。

2.智能化的裁判培训系统

信息网络技术的应用为裁判培训提供了新的手段和方法。通过智能化的裁判培训系统,裁判可以接受更为全面和系统的培训,学习最新的裁判知识和技能。该系统还可以根据裁判的实际情况和需求提供个性化的培训方案和建议,帮助裁判不断提高自己的专业水平。这种智能化的裁判培训系统不仅提高了培训的效率和质量,还有助于裁判在比赛中更好地发挥自己的专业能力。

3.观众参与监督

信息网络技术的应用使得观众可以更加积极地参与到赛事的监督中来。通过在线平台或移动应用等渠道,观众可以实时观看比赛、发表评论和提出建议。同时,系统还可以收集和分析观众的意见和建议,为赛事组织者提供有益的参考和改进方向。这种观众参与监督的机制不仅增强了比赛的互动性和趣味性,还有助于提高比赛的公正性和透明度。

二、信息网络技术在成绩管理方面的改进

（一）成绩管理效率的提升

1.自动化数据处理

信息网络技术的核心优势在于其强大的数据处理能力。传统的成绩管理往往需要人工录入、核对和计算，不仅效率低下，而且容易出错。而现代成绩管理系统可以利用算法自动完成这些任务，极大地减少了人工操作的环节，从而提高了成绩处理的效率。

2.实时数据更新与查询

借助信息网络技术，成绩数据可以实现实时更新。教练员和运动员可以随时通过网络平台查询最新的成绩信息，无须等待长时间的统计和审核过程。这种即时的数据反馈机制有助于运动员及时了解自己的比赛状况，也便于教练员跟踪运动员的比赛进度。

3.批量操作与模板化应用

信息网络技术还支持批量操作，如一次性导入多个运动员的成绩，或者根据预设的模板快速生成成绩单。这些功能大大简化了成绩管理的流程。

（二）成绩分析功能的增强

1.多维度数据分析

通过信息网络技术，赛事管理者、裁判员、教练员等可以对

运动员的成绩进行多维度的分析,如按科目、时间段、运动员群体等进行分类统计。这种细致的数据分析有助于各方更深入地了解运动员的运动状况,从而制定更有针对性的训练或比赛方案。

2.趋势预测与风险预警

基于大数据和机器学习算法,信息网络技术还可以预测运动员的状态或发展趋势,并及时发出风险预警。例如,当发现某运动员的成绩出现明显下降时,系统会自动提醒教练员关注该运动员的运动状况,以便及时采取干预措施。

3.个性化学习建议

信息网络技术还可以根据每个运动员的成绩数据,为其提供个性化的训练建议。这些建议可能包括调整训练方法、加强某些科目的训练等,有助于运动员更高效地提升自己的训练成绩。

第四节 智能化场馆设施与信息网络技术的结合

一、智能化场馆设施的提升

(一)智能感知与控制

1.智能感知实现场馆环境的全面监测与自适应调节

智能化体育赛事场馆的核心在于其强大的感知能力,这一能力主要依赖于场馆内密布的各类传感器和智能设备,这些设备如同场馆的神经末梢,能够实时、准确地捕捉场馆内的各种环境参数,如温度、湿度、光照等,为场馆提供了一个全面、实时的环境数据监测网络。这种全面的环境感知是智能化场馆自适应调节的基础。在过去,场馆的环境控制往往依赖于人工设定和定时检查,这种方式不仅效率低下,而且难以应对突发的环境变化。而现在,借助智能感知技术,场馆可以实时获取环境数据,并通过先进的算法分析这些数据,自动做出调节决策。例如,当场馆内的温度过高时,智能系统会立即启动降温设备,如空调或通风系统,以确保比赛和观众不会受到高温的影响。同样,当光照不足时,系统会自动调整灯光亮度,以保证比赛的顺利进行和观众的观赛体验。智能感知技术的应用不仅仅局限于环境参数的监测和调节。它还可以与场馆的其他系统相结合,实现更加复杂和精细化的控制。例如,通过与音响系统的结合,智能感知技术可以根据场馆内的噪声水平和观众的反馈自动调节音响的音量和音质,以确保每个观众都能获得最佳的听觉体验。这种全面的、自适应的环境控制是智能化体育赛事场馆的重要特征之一,也是提升比赛和观众体验的关键因素。

2.智能控制精准操控场馆设施,提升赛事观赏效果

在智能化体育赛事场馆中,智能控制系统是一个核心的组成部分,主要负责接收来自智能感知系统的数据,并根据这些数据以及预设的规则和算法做出控制决策,实现对场馆内各种设施的精准操控。智能控制系统的应用范围非常广泛,在音响方面,可以根据比赛的需要和观众的反馈自动调节音响的音量、音质和音效,确保每个观众都能清晰地听到比赛的声音并沉浸在比赛的氛围中;在灯光方面,智能控制系统可以根据比赛的不同阶段和场馆内的光照条件实时调整灯光的亮度和色彩,为观众呈现最佳的视觉效果;在显示屏方面,智能控制系统可以实时切换和更新显示屏上的内容,如比赛数据、广告、观众互动信息等,提升观众的参与度和观赏体验。除了对单个设施的精准控制外,智能控制系统还可以实现多个设施之间的协同工作。例如,在举行开幕式或表演赛时,智能控制系统可以同步控制音响、灯光、显示屏等多个设施,打造出一场震撼人心的视听盛宴。这种多设施之间的协同工作是智能化体育赛事场馆的又一重要特征,它极大地提升了赛事的观赏效果和观众的参与度。

(二)智能安检与票务

1.信息网络技术驱动下的智能票务系统

传统的纸质票务系统因其烦琐的购票、检票流程以及容易引发的安全隐患,逐渐被电子票务系统所取代。电子票务系统以信息网络技术为支撑,实现了票务管理的高效化、便捷化和安全化。智能票务系统通过线上平台实现票务的购买、支付和预订,观众只需在手机或电脑上完成操作,便可轻松获取电子门票。这一变革不仅极大地方便了观众,也提高了票务管理的效率。在入场时,观众无须再排队等待,只需将电子门票在指定的闸机前进行扫描,便可迅速通过,有效缩短了入场时间,提升了观众的观赛体验。而且智能票务系统还具有高度的安全性。通过采用先进的加密技术和身份验证机制,系统可以确保票务信息的真实性和有效性。同时,系统还能够实时监控票务数据,为场馆管理者提供准确的观众流量、座位使用情况等信息,帮助场馆更好地进行资源调配和安全管理。智能票务系统的应用,不仅提升了观众的观赛体验,也为场馆管理者带来了诸多便利。通过系统收集的数据,管理者可以了解观众的购票习惯、观赛偏好等信息,为未来的赛事策划和营销提供参考。同时,系统还能够与场馆的其他系统(如智能安检系统)进行无缝对接,实现信息的共享和协同管理,进一步提高场馆的整体运营效率。

2.智能安检设备保障场馆安全

传统的安检方式往往依赖于人工检查和简单的安检设备,不仅效率低下,而且容易存在安全隐患。随着智能技术的不断发展,智能安检设备逐渐成为保障场馆安全的重要手段。智能安检设备通过集成先进的信息网络技术、图像处理技术和生物识别技术,能够迅速、准确地识别观众的身份和票务信息。观众在通过安检时,只需将身份证或电子门票在设备前进行扫描,设备便能够自动读取并验证其身份和票务信息。这一过程中,无须人工干预,大大提高了安检的效率和准确性。同时,智能安检设备还具有高度的安全性。它采用先进的加密技术和数据保护措施,确保观众的个人信息和票务数据不被泄露或篡改。此外,设备还能够实时监测和记录安检过程中的异常情况,为场馆管理者提供及时的预警和处置依据。

二、信息网络技术在智能化场馆设施的应用与创新

(一) 高速网络对于智能化场馆设施的促进作用

在智能化体育赛事场馆中,高速网络的应用为观众带来了前所未有的便捷体验。这一技术的应用不仅改变了观众获取比赛信息的方式,还极大地丰富了观众的观赛方式和互动体验。以往观众获取比赛信息往往依赖于传统的媒体渠道,如电视、广播等。而在高速网络的支持下,观众现在可以通过手机、平板等移动设备随时随地获取最新的比赛信息。无论是在场馆内还是在家中,观众都可以轻松访问赛事官方网站、社交媒体平台或专门的赛事应用程序,获取实时更新的比赛结果、赛程安排、球员动态等。这种无缝连接的体验使得观众能够更加紧密地关注赛事进展,不错过任何重要时刻。而且传统的电视直播受限于频道和节目安排,而高速网络则打破了这些限制。观众可以通过各种在线直播平台或赛事官方网站观看比赛的实时直播,无论身在何处都能感受到赛场的紧张氛围和激动人心的瞬间,这种灵活的观赛方式使得观众能够更加自由地安排自己的观赛时间,不再受限于传统的电视观看模式。此外,高速网络还为观众提供了参与互动活动的新平台。观众可以通过社交媒体、赛事应用程序等渠道与其他观众、球员或赛事组织者进行实时互动,分享观赛心得、参与投票或竞猜等活动。这种互动体验不仅增强了观众的参与感,还使得观赛过程更加有趣和富有意义。

（二）大数据与云计算的支撑

1.大数据在智能化体育赛事场馆基础设施中的核心作用

在智能化体育赛事场馆的建设与运营中，大数据无疑发挥着核心作用，这种作用不仅体现在场馆日常运营的精细化管理上，更在于对赛事筹备、观众体验以及安全监控等各个方面的深度影响。通过收集和分析历史赛事数据，可以预测未来的赛事需求，为场馆的座位布局、设施配置、服务内容等提供科学依据。同时，大数据还可以帮助组织者更好地了解观众的兴趣和偏好，从而制订更加符合市场需求的赛事计划。而且大数据在提升观众体验方面发挥着重要作用，通过收集和分析观众的行为数据，可以了解观众在观赛过程中的需求和痛点，进而优化场馆设施和服务。例如，可以根据观众的流量和分布，合理调整场馆内的餐饮、休息、卫生间等设施的布局，减少观众的等待时间和不便。此外，大数据还在场馆安全监控中扮演着重要角色。通过实时监测和分析场馆内的监控数据，可以及时发现并处理各种安全隐患，确保赛事的顺利进行和观众的安全。例如，可以利用大数据技术对场馆内的火警、烟雾等异常情况进行预警和快速处理。在智能化体育赛事场馆中，大数据的应用已经渗透到各个方面。它不仅能够提供精确的数据支持，帮助场馆实现精细化管理，还能够为观众带来更加舒适和便捷的观赛体验。

2.云计算为智能化体育赛事场馆基础设施提供强大支撑

云计算作为当前信息技术领域的重要发展方向，为智能化体育赛事场馆基础设施提供了强大的技术支撑,通过云计算技术,场馆可以实现资源的集中管理和高效利用,提高场馆的运营效率和安全性。在赛事进行期间,场馆需要处理大量的数据和任务,对计算资源的需求会急剧增加。通过云计算平台,场馆可以根据需要动态地调整计算资源,确保在高峰时段能够满足业务需求。而且在智能化体育赛事场馆中,数据的安全性和可靠性至关重要。利用云计算平台,场馆可以将数据存储在云端,实现数据的集中管理和备份。这样不仅可以提高数据的安全性,还可以降低数据丢失的风险。此外,云计算还为场馆提供了丰富的应用服务,通过云计算平台,场馆可以部署各种应用服务,如电子票务系统、智能安防系统、在线视频直播等。这些应用服务不仅可以提高场馆的运营效率和服务质量,还可以为观众带来更加便捷和丰富的观赛体验。

第四章 体育赛事市场营销中的信息网络技术应用

第一节 大数据在体育赛事市场细分与目标客户定位中的应用

一、大数据在体育赛事市场细分中的运用

(一)市场洞察与细分策略制定

1.观众行为深度解析

大数据技术为体育赛事市场带来了前所未有的洞察力,通过收集和分析海量观众数据,如观看时长、互动频率、内容偏好等,赛事组织者能够深入了解观众的观赛习惯、兴趣点和潜在需求。这些数据揭示了观众对于不同类型赛事、运动员以及赛事相关内容的偏好,为赛事组织者提供了宝贵的市场洞察。例如,通过分析观众的观看时长,可以了解哪些时段或哪些类型的比赛更受欢迎;通过互动频率的分析,可以洞察观众对于赛事的参与度和忠诚度;而内容偏好的研究则有助于发现观众对于赛事报道、运动员故事等内容的兴趣点。这些深入的市场洞

察为赛事组织者提供了制定有效营销策略和提升观众体验的重要依据。

2.细分策略定制

针对不同细分市场,利用大数据技术,赛事组织者可以定制差异化的营销策略,这种策略的制定充分考虑了每个细分市场的独特需求和特征,以确保营销策略的有效性和针对性。此外,针对中老年观众更注重观赛体验的特点,赛事组织者可以提供更加舒适的观赛环境和优质的服务,以提升他们的满意度和忠诚度。

(二)体育赛事运营优化与效率提升

1.资源合理分配

大数据技术的应用为赛事组织者提供了前所未有的机会,使得资源分配更加精准和高效。通过分析观众购票、入场、观赛等数据,赛事组织者能够清晰地了解观众的行为模式和需求。例如,通过分析观众购票数据,可以发现哪些区域的座位更受欢迎,哪些时间段的观众流量较大。基于这些数据,组织者可以预先规划场馆设施的布局和数量,确保在人流高峰期能够充分满足观众的需求。同时,根据观众入场和观赛数据,组织者还可以合理安排安保人员和餐饮服务人员的数量和位置,确保赛事现场的安全和秩序。这种基于数据的资源配置优化,不仅提高了赛事运营的效率,还确保了观众的观赛体验。观众可以更加便捷地购票、入场和观赛,享受到更加舒适和贴心的服务。同时,组织者也能够更好地掌握赛事现场的情况,及时应对各种突发情况,确保赛事的顺利进行。

2.个性化服务的优化

在体育赛事中,观众的个性化需求日益凸显,借助大数据技术,赛事组织者可以为观众提供更加个性化的服务,提升观众的归属感和满意度。通过观众行为分析,组织者可以深入了解观众的兴趣和需求。例如,通过分析观众在社交媒体上的互动数据,可以发现观众对于不同运动员和比赛项目的关注度。基于这些数据,组织者可以为观众推送符合其兴趣的比赛信息、运动员动态等内容,让观众更加深入地了解赛事和运动员。在场馆内,组织者也可以为观众提供个性化的服务。例如,通过观众的购票数据和行为数据,可以为观众提供个性化的导览服务,帮助他们更快地找到自己喜欢的比赛项目和运动员。同时,组织者还可以为观众提供专属休息区、餐饮服务等,让观众在观赛过程中享受到更加舒适和贴心的服务。

3.运营效率监控与提高

大数据技术为赛事组织者提供了实时监控和改进运营效率的有效手段。通过大数据平台,组织者可以实时监控赛事运营过程中的各项指标,如票务销售情况、观众满意度、现场秩序等。这些数据可以帮助组织者及时发现运营中的问题和不足,并采取相应的改进措施。例如,如果发现票务销售情况不佳,组织者可以调整销售策略和推广渠道;如果发现观众满意度下降,组织者可以加强场馆设施和改进服务质量。同时,大数据平台还可以对赛事运营过程中的各种数据进行深入分析和挖掘,发现潜在的运营机会和趋势。这些数据可以帮助组织者制定更加精准和有效的运营策略,提高赛事的知名度和影响力。这种运营效率监控与提高的方式,不仅提高了赛事运营的效率和质量,还确保了赛事的顺利进行和高效运营。组织者可以更加全面地了解赛事运营的情况和效果,及时发现问题和不足并进行改进,从而不断提升赛事的品质和竞争力。

(三)体育赛事市场商业化拓展与价值提升

1.赞助商合作深化

大数据技术为体育赛事与赞助商之间的合作架起了一座桥梁,使得双方的合作更加精准、高效。通过深入分析赞助商的品牌定位、目标受众以及赛事本身的特点和受众群体,大数据技术能够为赞助商提供更加精准的合作建议。这种建议不仅基于数据的分析和预测,还充分考虑了赛事与赞助商之间的契合度,从而确保了合作的有效性和针对性。同时,利用大数据技术,赛事组织者还可以对观众对赞助品牌的认知度和好感度进行量化分析,从而评估赞助效果,为赞助商提供有价值的反馈和优化建议。这种基于数据的合作与反馈机制,有助于深化赛事与赞助商之间的合作关系,实现双方的共赢。

2.数字化产品开发

随着大数据技术的不断发展和普及,体育赛事的数字化产品开发迎来了前所未有的机遇。通过对观众观赛习惯和需求的深入分析,赛事组织者能够更准确地把握市场动态,开发出更加符合市场需求的数字化产品。这些产品可能包括赛事直播订阅服务、虚拟观赛体验、数据分析报告等,它们不仅满足了观众的个性化需求,还为赛事组织者开辟了新的盈利渠道。例如,赛事直播订阅服务可以为观众提供更加便捷、高清的观赛体验;虚拟观赛体验则可以让观众身临其境地感受赛事的激情与氛围;数据分析报告可以为观众提供更加深入、全面的赛事解读。这些数字化产品的开发与创新,不仅提升了赛事的商业价值,还为赛事的长期发展奠定了坚实的基础。

3.市场潜力挖掘与价值创造

大数据技术为体育赛事市场潜力的挖掘和价值创造提供了有力的支持。通过对观众行为、市场趋势等数据的综合分析,赛事组织者能够发现新的市场机会和增长点。这些机会可能隐藏在特定的观众群体中,也可能孕育在新的市场趋势中。针对特定的观众群体,赛事组织者可以推出定制化的服务或产品,以满足他们的独特需求。例如,针对年轻观众群体,可以推出更加时尚、创新的赛事周边产品;针对中老年观众,则可以提供更加舒适、便捷的观赛服务。同时,赛事组织者还可以利用大数据技术与其他行业进行跨界合作,拓展赛事的边界和影响力。这种跨界合作不仅有助于吸引更多的观众和赞助商,还为赛事组织者带来了更多的商业机会和价值创造的可能性。通过这些举措的实施,赛事组织者能够不断提升赛事的市场竞争力和可持续发展能力,为体育赛事市场的繁荣发展贡献更多的力量。

二、大数据在体育赛事目标客户定位中的运用

(一)数据收集与预处理,构建客户画像的基础

1.广泛收集数据资源

在体育赛事的目标客户定位中,数据收集的广泛性是构建客户画像的首要步骤,大数据技术在这一环节中发挥着至关重要的作用,它使赛事组织者能够从多个维度、多个渠道收集与目标客户相关的丰富信息。数据收集的范围广泛而全面,不仅涵盖了观众的基本信息,如年龄、性别、地域等,还包括了观众的观赛行为数据,如观看时长、互动频率等。这些行为数据能够直观地反映出观众对赛事的喜好和偏好,为后续的客户画像构建提供有力的支持。此外,社交媒体活动、购票记录以及设备使用偏好等数据也是不可忽视的重要信息。通过社交媒体平台,赛事组织者可以了解到观众在社交媒体上的讨论话题、互动情况等,从而更深入地了解观众的需求和兴趣。购票记录则能够反映出观众的购票习惯、支付偏好等,为赛事的票务销售策略提供参考。设备使用偏好则能够揭示观众在观赛时使用的设备类型、屏幕尺寸等信息,为赛事的多媒体内容制作和投放提供指导。在数据收集的过程中,多渠道、多来源的数据收集是确保数据全面性和准确性的关键。赛事组织者可以通过官方网站、社交媒体、第三方数据平台等多个渠道收集数据,形成多元化的数据源。同时,对于不同来源的数据,赛事组织者还需要进行数据校验和交叉验证,以确保数据的准确性和可靠性。

2.数据清洗与整合

数据清洗是去除原始数据中噪声、缺失值和错误信息的必要步骤。在实际操作中,赛事组织者可以通过编写特定的数据清洗脚本或使用专业的数据清洗工具来完成这一任务。例如,对于重复数据的处理,可以使用唯一标识符进行去重;对于缺失值的处理,可以根据数据的分布情况和业务规则进行填补或删除;对于错误信息的处理,则需要根据数据的来源和类型进行纠正或剔除。而且在数据整合的过程中,赛事组织者需要解决数据格式不一致、数据冗余和数据冲突等问题。为此,赛事组织者可以使用数据转换工具或编写特定的数据转换脚本,将不同格式的数据转换为统一的格式;使用数据去重工具或算法来消除数据冗余;对于数据冲突的问题,则需要根据业务规则和数据的优先级进行解决,从而为开发体育市场奠定良好基础。

(二)深度数据分析,揭示目标客户

1.客户行为模式分析

利用大数据分析工具,赛事组织者可以对观众的观赛行为进行深入的挖掘和分析,这一过程涉及对观众观看时长、互动频率、内容偏好等多维度数据的综合考量。通过分析观看时长,赛事组织者能够了解观众对于不同类型赛事或不同时段比赛的关注度,从而判断哪些赛事或时段更具吸引力。互动频率的分析则能够揭示观众对于赛事的参与度和忠诚度,高互动频率往往意味着观众对赛事有着更高的热情和黏性。而内容偏好的研究则有助于赛事组织者了解观众对于赛事报道、运动员故事、数据分析等内容的兴趣点,为赛事内容的制作和传播提供有益的参考。这些分析结果为赛事组织者提供了关于目标客户需求的宝贵洞察。例如,如果发现年轻观众群体对于创新性的赛事内容和互动体验有着较高的兴趣,赛事组织者就可以针对性地推出更多符合他们口味的赛事活动和互动环节。如果分析结果显示中老年观众对于赛事的历史底蕴和文化价值更为看重,那么赛事组织者就可以在宣传和推广中更多地强调这些元素。通过这种基于数据的行为模式分析,赛事组织者能够更准确地把握观众的需求和偏好,为制定精准的营销策略提供有力的支持。

2.客户细分与定位

基于客户行为模式的分析结果,赛事组织者可以运用聚类分析等大数据技术,将目标客户细分为多个具有相似特征的群体。这一细分过程可能基于多个维度进行,包括年龄、性别、地域、兴趣偏好等。通过细分市场,赛事组织者能够更清晰地了解每个细分市场的独特需求和特征,为后续的营销策略制定提供明确的目标和方向。例如,年轻观众群体可能更倾向于通过社交媒体获取赛事信息,并注重赛事的互动性和创新性。针对这一细分市场,赛事组织者可以加强社交媒体推广,利用微博、微信、抖音等平台与观众进行互动,并推出更多如投票、竞猜等互动环节来提升观众的参与度和忠诚度。同时,可以注重赛事的创新性和时尚元素,以吸引年轻观众的关注。而对于中老年观众细分市场,会更注重赛事的历史底蕴和文化价值,并倾向于通过传统媒体了解赛事信息。针对这一细分市场,赛事组织者可以更注重传统媒体的宣传,如电视、报纸等,并强调赛事的历史底蕴和文化价值来引起其共鸣和兴趣。同时,可以提供更加舒适的观赛环境和优质的服务来提升他们的满意度和忠诚度。通过这种基于大数据的客户细分与定位策略,赛事组织者能够更精准地把握不同细分市场的需求和特征,并针对性地制定差异化的营销策略和服务方案。这不仅有助于提升赛事的吸引力和市场渗透率,还能确保赛事在不同观众群体中都取得良好的市场表现。

第二节 信息网络技术在赛事票务管理与销售中的作用

一、信息网络技术在赛事票务管理中的功能

(一)数字化票务系统的核心功能

1.票务管理与服务

(1)票务查询与预订

信息网络技术的运用使得票务查询和预订变得异常便捷,观众只需通过赛事官方网站或移动应用,即可实时查询赛事的票务信息,包括票价、座位图、剩余票数等。同时,观众还可以根据自己的喜好和需求,在线预订心仪的座位,避免了传统排队购票的烦琐和不便。

（2）票务出票与退票

在数字化票务系统中,票务的出票和退票流程也得到了极大的优化。观众在成功预订座位后,系统会生成电子票务凭证,观众只需携带手机或其他电子设备,即可在赛事现场轻松入场。如需退票,观众也只需在系统中进行操作,系统将自动处理退票事宜,方便快捷。

2.票务销售的数据支持

（1）购票数据分析

通过数字化票务系统,赛事组织者可以实时获取观众的购票数据,包括购票时间、购票数量、购票渠道等。这些数据对于赛事组织者来说具有极高的价值,可以帮助他们更好地了解市场需求和观众喜好,为赛事的策划和推广提供有力支持。

（2）市场分析与决策支持

基于购票数据的分析,赛事组织者可以进一步了解赛事的市场表现,如哪些区域的观众更为活跃、哪些比赛项目更受欢迎等。这些信息对于赛事组织者制定更加精准的营销策略、优化赛事安排具有重要意义。同时,数字化票务系统还可以为赛事组织者提供实时的票房数据,帮助他们更好地掌握赛事的盈亏情况,为未来的赛事策划提供参考。

（二）信息网络技术对于赛事票务销售的支持

1.在线选座与座位管理

信息网络技术的应用使得在线选座和座位管理成为可能,观众在购票时可以根据自己的喜好和需求,在线选择心仪的座位。同时,数字化票务系统还可以实现座位图的实时更新和展示,让观众更加直观地了解座位的分布情况。对于赛事组织者来说,在线选座和座位管理不仅提高了票务管理的效率,还提升了观众的购票体验。

2.移动支付与快速结算

随着移动支付的普及,数字化票务系统也支持了多种移动支付方式,如支付宝、微信支付等。观众在购票时只需选择自己喜欢的支付方式即可完成支付操作,无须携带现金或银行卡。同时,数字化票务系统还可以实现快速结算功能,让观众在购票后能够迅速收到购票凭证和相关信息。这种便捷的支付方式不仅提高了购票效率,还降低了现金交易带来的安全风险。

3.智能化安全验证与防伪

信息网络技术的应用还使得赛事票务的安全验证和防伪技术得到了极大的提升。数字化票务系统采用先进的加密技术和防伪技术,确保票务信息的真实性和安全性。在验票环节,系统可以通过二维码、RFID等技术手段实现快速、准确的验票操作,有效防止了假票现象的发生。同时,系统还可以对观众的购票信息和身份信息进行实时验证和比对,确保购票观众信息的安全性。

4.跨平台互动与社交分享

信息网络技术的应用还使赛事票务的跨平台互动和社交分享成为可能。观众在购票后可以通过社交媒体等渠道分享自己的购票信息和观赛体验,与更多的人分享赛事的乐趣和精彩瞬间。同时,数字化票务系统还可以为观众提供丰富的互动功能,如在线评论、投票等,让观众能够更加深入地参与到赛事中来。这种跨平台互动和社交分享不仅丰富了观众的观赛体验,还提高了赛事的知名度和影响力。

二、信息网络技术在赛事票务销售中的功能

(一)便捷高效的票务销售平台

1.多渠道融合,打破时空限制

信息网络技术的应用,使得赛事票务销售不再局限于传统的线下售票点。通过搭建专业的互联网销售平台,赛事组织者能够为用户提供 24 小时不间断的在线购票服务。这些平台不仅支持 PC 端访问,还兼容手机 APP、微信小程序等多种移动端入口,真正实现了随时随地购票。此外,为了覆盖更广泛的用户群体,赛事组织者还可以与第三方票务平台、旅行社、酒店等合作伙伴建立渠道合作关系,形成多渠道融合的销售网络。这种多渠道融合的策略,不仅打破了时空限制,还为用户提供了更加多元化的购票选择,进一步提升了票务销售的便捷性。

2.智能化操作,优化购票体验

信息网络技术的融入,让赛事票务销售过程变得更加智能化。用户可以通过平台轻松完成注册、登录、浏览赛事信息、选择座位、支付票款等一系列操作。智能选座系统能够根据用户的偏好和场馆的实际布局,为用户推荐最佳观赛位置;移动支付功能的加入,则让用户无须携带现金或银行卡即可完成支付,极大地节省了时间和精力。同时,平台还提供了订单查询、

电子票下载、退票改签等便捷服务,让用户的购票体验更加顺畅无忧。智能化的操作流程不仅提升了票务销售的效率,还增强了用户的满意度和忠诚度。

(二)精准营销与数据分析

1.个性化推荐,提升购票转化率

信息网络技术的应用,使得赛事票务销售过程中的个性化推荐成为可能,通过收集用户的注册信息、购票记录、浏览行为等数据,并利用大数据分析技术进行深度挖掘和分析,赛事组织者可以精准把握用户的购票偏好和需求。基于此,平台可以为用户推送个性化的赛事门票推荐信息,如根据用户的观看历史推荐类似赛事的门票、根据用户的地理位置推荐附近的赛事活动等。这种个性化的推荐方式不仅提高了购票的转化率,还增强了用户的黏性和活跃度。

2.数据驱动决策,优化销售策略

赛事组织者可以在信息网络技术应用下,通过平台实时统计和分析购票数据,包括销售数量、销售速度、热门项目、观众群体分布等关键指标。这些数据为组织者提供了宝贵的市场洞察和决策支持。基于数据分析结果,组织者可以及时调整销售策略和票价策略,如针对热门项目推出限时促销、针对特定观众群体推出定制化的票务套餐等。同时,数据分析还可以帮助组织者预测未来销售趋势,为后续的赛事策划和推广提供科学依据。数据驱动的决策模式不仅提高了票务销售的精准度和有效性,还为赛事的可持续发展奠定了坚实基础。

第三节　网络直播与体育赛事品牌塑造及推广

一、体育赛事网络直播的推广

（一）内容创新与多样化

1.深入挖掘赛事细节,打造全新观赛体验

体育赛事网络直播的核心在于内容。为了吸引并留住观众,直播平台必须提供独特且具有吸引力的内容,这包括赛事的精彩瞬间、运动员的幕后故事、专业解说与评论等。通过深入挖掘赛事的每一个细节,如运动员的训练过程、比赛策略、心路历程等,直播平台可以为观众带来全新的观赛体验。这种深入的内容打造不仅能让观众更加深入地了解赛事和运动员,还能增强他们的参与感和归属感,从而提升他们对直播平台的忠诚度和留存率。

2.创新直播方式,提升观众沉浸感和参与度

除了传统的直播形式,体育赛事网络直播还可以尝试多种创新的直播方式,如多视角切换、虚拟现实(VR)直播、互动直播等。这些新颖的直播形式能够为观众带来更加沉浸式的观赛体验。例如,多视角切换可以让观众从不同的角度观看比赛,感受更加全面的赛场氛围;虚拟现实(VR)直播则可以让观众身临其境地感受比赛的激烈和紧张;互动直播则可以让观众实时参与讨论和投票,增强他们的参与感和归属感。这些创新的直播形式不仅能够提升观众的观赛体验,还能进一步增强他们对直播平台的黏性和忠诚度。

3.保持新鲜感,吸引观众持续关注

体育赛事网络直播的内容需要不断更新与迭代,以保持其新鲜感和吸引力,这包括定期更新赛事预告、精彩回顾、运动员访谈等内容。在赛事进行期间,直播平台可以实时更新比赛进程和结果,让观众随时了解最新的赛事动态;在休赛期,则可以推出运动员访谈、训练揭秘等节目,让观众更加深入地了解运动员的生活和训练状态。通过不断更新和迭代内容,直播平台可以吸引观众持续关注,并保持他们在平台上的活跃度和忠诚度。同时,这种持续的内容更新也能帮助直播平台在竞争激烈的市场中保持领先地位,吸引更多的观众和合作伙伴。

(二)社交媒体与合作伙伴的整合营销

1.社交媒体平台的利用

社交媒体在当今的数字化时代扮演着至关重要的角色。特别是对于体育赛事网络直播的推广来说,通过巧妙地运用社交媒体平台,可以有效地将赛事信息传递给广大的潜在观众。微博、微信、抖音等社交媒体平台,以其庞大的用户基数和高度互动性,成为体育赛事网络直播推广的热门选择。在这些平台上,赛事组织者可以发布赛事预告,提前为观众营造期待感;发布精彩瞬间,让观众在错过直播时也能回味赛事的激情;组织运动员互动,让观众与心中的偶像近距离接触。这些精心策划的内容,不仅吸引了大量粉丝的关注和转发,更激发了其前往直播平台观看赛事的欲望。此外,社交媒体平台上的互动功能也为赛事组织者提供了宝贵的用户反馈。观众可以在评论区发表自己的观点和看法,提出宝贵的建议。这些反馈对于赛事组织者来说是一笔宝贵的财富,可以帮助他们不断改进和优化直播内容和形式,提高观众的观赛体验。

2.与合作伙伴的协同推广

在体育赛事网络直播的推广过程中,与合作伙伴的协同推广是不可或缺的一环。通过与体育赛事相关的品牌、赞助商、媒体等合作伙伴进行深度合作,可以共同扩大赛事的曝光度和影响力。合作伙伴的参与,可以为赛事带来更多的资源和渠道支持,可以通过自己的品牌渠道、社交媒体账号、广告网络等途径,将赛事直播的信息推送给更广泛的受众群体。这种协同推广的方式,不仅可以提高赛事的知名度,还可以增强观众对赛事的信任度和忠诚度。此外,与合作伙伴的协同推广还可以实现资源共享和互利共赢,赛事组织者可以利用合作伙伴的资源和优势,提升自己的运营能力和技术水平;合作伙伴也可以通过参与赛事推广,提升自己的品牌形象和市场竞争力。这种双赢的合作模式,为体育赛事网络直播的推广提供了强有力的支持。

3.跨界合作与推广活动

在体育赛事网络直播的推广中,跨界合作与推广活动的创新也为赛事的推广带来了新的机遇。通过与其他行业的跨界合作,可以吸引更多不同领域的观众关注体育赛事网络直播,进一步拓展观众基础。在与电竞、音乐、电影等领域的跨界合作中，可以产生丰富的创意和互动性强的营销活动。例如，与电竞选手合作举办挑战赛，与音乐人合作推出主题曲或演唱会，与电影制作方合作推出纪录片或电影等。这些活动不仅可以吸引各自领域的粉丝关注，还可以通过联名产品、限量版纪念品等方式增加观众的参与感和归属感。此外，跨界合作还可以为体育赛事网络直播带来更多的商业机会和收入来源。通过与合作伙伴共同开发衍生品、举办线下活动等，可以实现双方品牌的共同增值和互利共赢。这种跨界合作与推广活动的创新，为体育赛事网络直播的推广注入了新的活力和动力。

（三）技术优化与用户体验提升

1.直播技术的创新与优化

在当前的体育赛事网络直播领域，技术的创新与优化是确保观众流畅、清晰地观看赛事直播的关键。为了提升直播技术的稳定性和清晰度，各大直播平台不断投入研发力量，采用先进的编码技术和传输协议。这些技术能够在不同网络环境下自动调整码率和传输速度，确保观众即使在网络波动较大的情况下也能享受到流畅的直播体验。除了技术层面的创新，直播界面的布局和设计也是提升用户体验的重要因素。一个清晰、简洁、易用的直播界面能够让观众更加专注于赛事本身，而不是被复杂的操作所困扰。因此，直播平台在界面设计上也不断进行优化，将关键信息如比分、赛程、运动员介绍等以直观、易读的方式呈现给观众。同时，通过添加高清画质、多机位切换、虚拟场景等特色功能,为观众带来更加丰富的观赛体验。这些技术优化措施为体育赛事网络直播推广奠定了良好的基础。通过不断提升直播技术的稳定性和清晰度,以及优化直播界面的布局和设计,直播平台能够吸引更多的观众关注赛事直播,提高赛事的曝光度和影响力。

2.用户体验的持续优化

在体育赛事网络直播中,用户体验的持续优化是提升观众满意度和忠诚度的关键。为了满足观众多样化的需求,直播平台需要关注观众在观看直播过程中的反馈和建议,并不断优化直播功能和服务。通过引入多语言解说团队,直播平台能够让更多观众无障碍地观看赛事直播,提高赛事的国际影响力。而且弹幕互动功能也是提升观众参与度和互动性的重要手段。观众可以通过发送弹幕与其他观众进行交流和互动,分享自己的观赛感受和看法。此外,个性化推荐功能能够根据观众的观赛历史和兴趣偏好,推荐符合其口味的赛事直播内容,提高观众的观看体验。除了功能优化外,建立完善的客服体系也是提升用户体验的重要保障。客服人员需要及时解决观众在观看过程中遇到的问题和困扰,确保观众能够享受到愉快的观赛体验。通过不断优化客服体系的响应速度和服务质量,直播平台能够进一步提升观众的满意度和忠诚度。

3.数据分析对于体育赛事网络直播的推广支持

在当前的体育赛事网络直播领域,数据分析已经成为推动直播推广的重要工具。通过对观众行为数据的收集和分析,直播平台能够深入了解观众的观赛习惯、喜好和需求,为直播推广提供有力的数据支持。数据分析可以帮助直播平台精准定位目标观众群体,分析观众的年龄、性别、地域等基本信息以及观赛行为数据,通过这些有力的数据,直播平台可以绘制出目标观众的画像,并根据这些画像制定更加精准的推广策略。而且数据分析还可以帮助直播平台优化直播内容和形式。通过分析观众的观赛偏好和反馈数据,直播平台可以了解哪些内容和形式更受观众欢迎,从而进行针对性的优化和调整。此外,数据分析还可以帮助直播平台评估直播推广的效果和价值。通过对比不同推广策略下的观众数量、观看时长、互动频率等指标的变化情况,直播平台可以评估出各种推广策略的有效性和投入产出比,为未来的推广决策提供参考依据。

二、体育赛事品牌塑造的推广

(一)品牌定位与核心价值提炼

1.明确品牌定位以及占据市场独特位置,塑造特定形象

品牌定位是体育赛事品牌在目标市场中所占据的位置,以及希望被观众所认知的特定形象。一个清晰的品牌定位能够帮助赛事在观众心中形成独特的印象,从而与竞争对手区分开来。在品牌定位时,赛事组织者需要充分考虑赛事的类型、规模、目标受众等因素。例如,如果赛事是一项国际性的马拉松比赛,那么其品牌定位可能侧重于专业的竞技水平和国际化的参与程度。确保品牌定位与赛事的特点和优势相契合,是塑造成功品牌的关键。通过这样的定位,赛事能够在众多同类活动

中脱颖而出,吸引更多关注和参与。

2.挖掘赛事独特性,触动消费者内心

品牌的核心价值是品牌的灵魂,它代表了品牌所能够提供给观众的独特价值和利益。在塑造体育赛事品牌时,提炼核心价值是至关重要的步骤。赛事组织者需要深入挖掘赛事的独特性和优势,这些包括赛事的竞技水平、文化内涵、创新精神等方面。例如,一项具有悠久历史的传统体育赛事,其核心价值就在于其深厚的文化底蕴和传承精神。通过提炼这些核心价值,赛事能够触动观众的内心,形成强烈的品牌认同感。这些核心价值也是观众在选择品牌时的重要考量因素,因此,确保核心价值与观众需求相契合,是提升品牌吸引力的关键。

3.打造品牌故事激发观众情感共鸣,提升品牌魅力

一个引人入胜的品牌故事能够为体育赛事品牌增添独特的魅力,赛事组织者可以通过讲述赛事的起源、发展历程、背后的故事等,来打造具有情感共鸣的品牌故事。这些故事可以包括赛事的创始人如何克服重重困难,将一项小小的体育活动发展成为国际性的盛事;一项传统体育赛事如何承载着当地的文化和历史,成为连接过去与未来的桥梁。通过讲述这些故事,赛事能够激发观众的情感共鸣,让其感受到品牌背后的情感和温度。这样的品牌故事不仅能够提升品牌的美誉度,还能够增强观众的忠诚度,使其在众多品牌中选择与你相伴。因此,在塑造体育赛事品牌时,注重打造品牌故事,用情感去触动观众,是提升品牌吸引力的有力手段。

（二）多元化推广渠道的运用

1.传统媒体推广

在数字时代飞速发展的今天,传统媒体如电视、广播、报纸等仍然占据着重要地位,尤其在体育赛事品牌推广方面,这些传统媒体凭借其广泛的覆盖率和深入人心的品牌形象,为体育赛事组织者提供了强有力的推广平台。电视作为最为直观和生动的传播媒介,可以通过购买广告时段或合作栏目的方式,将赛事的精彩瞬间、运动员的奋斗风采等直观展示给观众,从而吸引其关注。广播则以其独特的传播方式,在赛事进行期间为听众提供实时的赛事动态和评论,让听众在忙碌的生活中也能随时感受到赛事的激情。而报纸则以其深度报道和评论分析,为赛事的品牌形象塑造提供了更多维度的支持。传统媒体的推广方式虽然较为传统,但其稳定性和可信度是其他媒体无法比拟的,通过在传统媒体上进行推广,体育赛事组织者可以确保赛事信息的准确传达,提高品牌知名度和曝光率,为赛事的成功举办奠定坚实的基础。

2.社交媒体营销

随着社交媒体的普及,其已经成为体育赛事组织者不可或缺的推广渠道之一。社交媒体平台以其互动性强、传播速度快等特点,为体育赛事组织者提供了更多的营销机会。在社交媒体上,体育赛事组织者可以发布赛事动态、互动话题、精彩瞬间等内容,吸引受众的关注和参与。同时,通过社交媒体的数据分析工具,组织者可以深入了解受众的喜好和需求,为品牌塑造提供有力支持。例如,通过分析受众的浏览行为和互动数据,可以了解受众对赛事的关注点和兴趣点,从而调整推广策略,提高推广效果。此外,社交媒体还为体育赛事组织者提供了与受众互动的机会。通过举办线上活动、发布互动话题等方式,可以增加受众的参与感和归属感,提高品牌忠诚度。这种互动性的推广方式,不仅能够吸引更多的潜在观众关注赛事,还能够为赛事的口碑传播创造更多的话题和机会。

3.线下活动推广

线下活动推广是体育赛事组织者增强品牌与观众互动的有效途径,通过举办各种形式的线下活动,如赛事路演、主题活动等,可以吸引观众的参与和体验,提升品牌影响力和认知度。线下活动不仅可以让观众亲身感受到赛事的氛围和魅力,还能够让其更加深入地了解赛事的品牌文化和价值观。通过举办有趣的互动游戏、现场观赛等活动,可以增加观众的参与感和体验感,让他们对赛事产生更深的情感联系。同时,线下活动还能够为品牌塑造创造更多的话题和口碑传播机会,通过观众的参与和分享,可以将赛事的品牌形象和文化传播到更广泛的受众群体中,这种方式不仅具有高度的可信度和说服力,还能为赛事的品牌形象塑造带来更多的正面效应。

(三)品牌形象的维护与提升

1.保持品牌一致性,塑造独特且易于识别的品牌形象

在品牌塑造的过程中,保持品牌一致性是至关重要的,体育赛事组织者需要在各个方面都保持与品牌定位和核心价值相一致的形象和风格,包括赛事的标志、口号、视觉识别系统等。品牌一致性不仅有助于增强品牌的识别度和记忆度,还能够提高品牌的知名度和美誉度。当观众在多个场合和渠道接触到一致的品牌形象时,更容易对该品牌产生深刻的印象和好感。为了保持品牌一致性,体育赛事组织者需要制定一套完整的品牌规范,确保在所有传播和推广活动中都遵循这些规范。同时,还需要定期对品牌形象进行监测和评估,及时发现并纠正任何与品牌定位不一致的因素。

2.及时处理负面信息,维护品牌的形象和声誉

在品牌塑造的过程中,难免会遇到负面信息,这些信息可能来自观众的投诉、媒体的报道或社交媒体上的评论。体育赛事组织者需要积极应对和处理这些负面信息,避免其对品牌形象造成不良影响,可以通过及时发布声明、澄清事实、道歉等方式来回应负面信息,表明自己对问题的重视和解决的决心。同时,还可以与受影响的观众进行直接的沟通和交流,以真诚的态度赢得其理解和支持。及时处理负面信息不仅有助于维护品牌的形象和声誉,还能增强观众对品牌的信任感和忠诚度。

3.不断创新与突破,为品牌注入新的活力和生命力

体育赛事组织者需要密切关注市场动态和观众需求的变化,及时调整品牌策略和营销手段,可以通过引入新的赛事项目、采用先进的科技手段、打造独特的观赛体验等方式来创新品牌形象。同时,还需要不断探索新的品牌元素和表现形式,如独特的口号、引人瞩目的视觉识别系统等,为品牌注入新的活力和生命力。创新与突破不仅能够吸引更多的观众和合作伙伴,还能够提升品牌在市场上的竞争力和影响力。通过不断的创新和突破,体育赛事组织者可以确保自己的品牌在激烈的市场竞争中始终保持领先地位。

第五章 体育赛事后勤管理的信息网络技术保障

第一节 信息网络技术在赛事接待服务中的优化作用

一、提升服务效率与服务质量

(一)自动化流程管理,重塑赛事接待服务新生态

1.构建统一平台,实现全流程在线处理

自动化流程管理的核心在于构建一个统一的接待服务平台,这个平台集成了赛事接待的所有环节,从报名注册到住宿安排,再到餐饮预订和交通接送,都可以在这个平台上完成。参赛者及观众只需通过平台提交相关需求,系统即可自动完成信息的匹配与资源的调配。这种全流程在线处理的方式,不仅简化了接待流程,还大大提高了服务效率。

2.自动化分配缩短等待时间,提升服务效率

在传统的赛事接待服务中,资源的分配往往需要人工进行,这不仅耗时费力,还容易出现错误。而自动化流程管理通

过智能化的系统,实现了资源的自动分配。系统可以根据参赛者及观众的需求,自动匹配相应的资源,并实时更新资源状态。这样,参赛者及观众就可以在最短的时间内获得所需的服务,大幅缩短了等待时间,提升了服务效率。

3.减少人为错误,确保接待服务的准确性与可靠性

人为错误是赛事接待服务中常见的问题之一,而自动化流程管理通过减少人工干预,大大降低了人为错误的发生概率。系统可以准确地处理和分析大量的数据,确保信息的准确性和一致性。同时,系统还可以实时监控资源的使用情况,及时发现并解决问题,确保接待服务的准确性与可靠性。

(二) 智能化资源调度,引领赛事接待服务新篇章

1.数据分析预测为资源准备提供依据

智能化资源调度的第一步是对历史数据的深入分析,通过对过往赛事接待数据的挖掘和整理,系统可以揭示出接待需求的变化趋势和规律。这些宝贵的信息为资源的提前准备和合理调配提供了有力的依据。赛事组织者可以根据系统的预测结果,提前规划并储备足够的接待资源,以应对赛事进行期间可能出现的高峰需求。

2.实时监测与动态调整确保服务稳定性

在赛事进行过程中,接待需求会不断发生变化,传统的资源调度方式往往难以适应这种变化,导致服务出现中断或不稳定。而智能化资源调度通过实时监测各接待点的状况,如房间空余情况、餐饮供应能力等,可以根据需求变化动态调整资源

分配方案。这种灵活的资源调度方式确保了接待服务的连续性与稳定性,为参赛者与观众提供了更加可靠的服务保障。

3.优化资源配置提升服务品质与效率

智能化资源调度不仅关注资源的数量和种类,还注重资源的优化配置。系统可以根据接待需求的特点和规律,对资源进行合理分配和调度,以确保资源的最大化利用。例如,在住宿安排方面,系统可以根据参赛者的国籍、性别、年龄等信息,向其推荐适合的住宿点和房型;在餐饮预订方面,系统可以根据观众的口味偏好和饮食习惯,向其推荐适合的餐饮套餐和菜品。这种个性化的资源配置方式不仅提升了服务品质,还提高了服务效率。

4.智能化决策支持助力赛事接待服务升级

除了实时监测和动态调整外,智能化资源调度还为赛事接待服务提供了智能化的决策支持。系统可以根据历史数据和实时数据,对接待服务进行全面的分析和评估,为赛事组织者提供有价值的建议和意见。这些建议和意见可以帮助赛事组织者更好地了解接待服务的状况和需求,制定更加科学、合理的接待方案和服务策略,进一步提升赛事接待服务的品质和效率。

二、精准服务与情感互动

(一)精准服务推送信息

1.数据收集与个性化服务

随着信息网络技术的普及,体育赛事接待服务正逐步走向个性化。通过收集参赛者及观众的基本信息,如姓名、年龄、性别、职业等,系统可以初步了解其背景。系统还会分析参赛者及观众的兴趣爱好、消费习惯等数据,以提供更加贴合其需求的服务。例如,在餐饮方面,系统可以根据参赛者的国籍和饮食习惯,推荐符合其口味的菜品,让其在异国他乡也能品尝到家乡的味道。

2.定制化服务方案

信息网络技术收集到的数据,系统能够为每位参赛者及观众制定个性化的服务方案。对于观众而言,系统可以根据其观赛偏好,预留最佳观赛位置的门票,确保其在赛事中享受到最佳的视觉体验。对于参赛者,系统可以提供个性化的训练计划、饮食建议等,帮助其在比赛中发挥出最佳水平。这种定制化服务不仅提升了服务品质,也让参赛者及观众感受到了被重视和尊重。

3.实时调整与优化

体育赛事接待服务并非一成不变,随着赛事的进行和参赛者及观众需求的变化,系统需要实时调整服务方案。例如,在比赛过程中,系统可以根据观众的实时反馈,调整餐饮服务的供应量和口味选择,确保每位观众都能得到满意的服务。此外,系统还可以根据参赛者的身体状况和训练效果,调整其训练计划和饮食建议,确保其能够保持良好的竞技状态。

4.反馈机制与持续改进

为了不断提升服务品质,系统需要建立有效的反馈机制,参赛者及观众可以通过系统平台或移动应用提交对服务的评价和建议。系统会对这些反馈进行收集和分析,找出服务中存在的问题和不足,并制定相应的改进措施。这种持续改进的态度不仅有助于提升服务品质,还能让参赛者及观众感受到服务团队的专业和用心。

(二)情感化互动体验

1.智能客服机器人的应用

智能客服机器人的引入使得体育赛事接待服务更加便捷和高效。这些机器人具备自然语言处理能力,可以与参赛者及观众进行实时对话和交流。无论是咨询赛事信息、预订服务还是解决问题,智能客服机器人都能迅速给出准确和有用的回答。这种即时响应的服务模式不仅提高了服务效率,还增强了参赛者及观众的满意度。

2.情感化设计与实施

在情感化互动体验的设计与实施过程中,需要注重细节和人性化。例如,在住宿环境中加入温馨的问候语、提供舒适的休息设施等,都能让参赛者及观众感受到家的温暖和关怀。此外,在体育赛事期间还可以组织各种互动活动、举办主题派对等,让参赛者及观众在轻松愉快的氛围中享受赛事带来的快乐。这些情感化设计的实施不仅提升了赛事接待服务的趣味性和吸引力,还加深了参赛者及观众对赛事的情感认同和记忆点。

第二节　基于物联网的体育赛事物资
　　　　管理与调配系统

一、依托于物联网的体育赛事物资管理系统

(一)物联网技术的深度融入

1.物联网感知层在体育赛事物资管理系统中的全面部署

在日益发展的物联网时代,体育赛事物资管理系统正迎来一场革新。物联网感知层作为这一系统的基石,其全面部署对于实现物资的全面感知与监控至关重要。在体育赛事筹备阶段,管理人员通过精心策划,将各类传感器、RFID 标签等物联网设备巧妙地融入赛事物资管理中,使得每一件物资都能被系统精确识别与追踪。比赛器材、运动员装备、医疗急救用品等,这些物资在赛事中扮演着不可或缺的角色。为了确保这些物资能够得到妥善管理,管理人员将 RFID 标签贴附于每一件物资上,赋予它们唯一的身份标识。这些 RFID 标签就像物资的身份证,不仅能够准确记录物资的种类、数量、生产厂家等信息,还能够实时跟踪物资的位置和使用情况。一旦物资发生丢失或损坏,系统可以迅速定位并采取措施,避免对赛事造成不利影响。此外,赛事场馆的环境参数对物资存储和使用也至关重要。温湿度传感器、振动传感器等设备的安装,使得场馆内的环境参数能够得到实时监测。当环境参数超出预设范围时,

系统会自动发出警报,提醒管理人员及时采取措施。这种智能的环境监控不仅确保了物资存储的适宜性,还为运动员提供了更加舒适、安全的比赛环境。物联网感知层的全面部署,不仅提高了物资管理的效率和准确性,还为赛事筹备工作带来了极大的便利。管理人员可以通过系统实时掌握物资的情况,根据需要进行合理的调配和补充。同时,这种全面的感知与监控也为赛事的顺利进行提供了有力保障。

2.网络层在体育赛事物资管理系统中的无缝连接与数据传输

在体育赛事物资管理系统中,网络层负责将感知层采集的数据传输至处理中心,确保数据的实时传输与共享。为了实现这一目标,网络层需要实现物联网设备与后台服务器之间的无缝连接。为了满足不同场景下物资管理的需求,网络层采用了Wi-Fi、蓝牙、Zigbee 等多种无线通信技术。这些技术各具特色,能够根据不同的应用场景灵活选择。例如,在物资仓库等需要大面积覆盖的区域,可以采用 Wi-Fi 技术实现快速的数据传输;在运动员装备管理等需要精准识别的场景中,则可以采用 RFID 技术和蓝牙技术进行精确的数据采集。这种多样化的通信技术选择使得物联网网络架构更加灵活多变,能够适应各种复杂的赛事环境。在数据传输过程中,安全性与可靠性是至关重要的。为了确保数据不被恶意攻击或篡改,网络层采用了数据加密与安全认证技术。这些技术能够确保数据在传输过程中的安全性和完整性,使得管理人员可以放心地使用物联网系统进行物资管理。此外,网络层还需要实现与其他系统的无缝连接。例如,与赛事管理系统、票务系统等进行数据共享和交互,使得整个赛事管理系统更加智能化、高效化。这种无缝连接不仅提高了系统的整体性能,还为赛事的顺利进行提供了有力支持。

(二) 智能化与高效化的具体体现

1.物资库存管理的精准化

基于物联网技术的体育赛事物资管理系统能够实现物资库存的精准化管理。通过 RFID 标签与传感器的实时感知,系统能够自动记录物资的入库、出库、盘点等操作流程,减少人为错误与遗漏。同时,结合大数据分析技术,对物资库存数据进行深入挖掘与分析,预测物资需求趋势,为赛事筹备提供科学依据。此外,系统还支持库存预警功能,当物资库存量低于设定阈值时,自动触发预警机制,提醒管理人员及时补充库存。

2.物资使用与追踪的智能化

物联网技术还为体育赛事物资的使用与追踪提供了智能化解决方案。在比赛过程中,管理人员可以通过系统实时查看每一件物资的使用情况与位置信息。例如,通过 RFID 标签与运动员装备的绑定,系统能够追踪运动员在比赛中的运动轨迹与装备使用情况;通过传感器对比赛器材的实时监测,系统能够评估器材的使用状态与性能表现。这种智能化的物资追踪方式不仅提高了物资管理的效率与准确性,还为赛事组织提供了更加丰富的数据分析资源。

3.物资维护与保养的自动化

物联网技术还促进了体育赛事物资维护与保养的自动化进程。系统可以根据物资的使用情况与性能表现,自动制订维护与保养计划,并通过智能提醒功能通知相关人员执行。例如,对于需要定期校准的比赛器材,系统可以在校准到期前自动发送提醒信息;对于出现故障的物资设备,系统可以实时记录故障信息并生成维修工单,为维修人员提供详细的故障描述与解决方案。这种自动化的维护与保养方式不仅降低了物资损坏的风险与成本,还延长了物资的使用寿命与性能表现。

4.应急响应与决策支持的实时化

在体育赛事中,突发情况时有发生,基于物联网技术的体育赛事物资管理系统能够为应急响应与决策支持提供实时化的解决方案。通过实时监测与数据分析技术,系统能够及时发现并评估突发情况对物资管理的影响程度与范围。同时,结合智能算法与预案库资源,系统能够自动生成应急响应方案与决策建议,为赛事组织提供快速有效的应对措施。这种实时化的应急响应与决策支持方式不仅提高了赛事组织的应对能力与效率,还保障了赛事的顺利进行与参与者的安全健康。

二、依托于物联网的体育赛事物资调配系统

(一)系统的构建

1.系统架构与集成

在现代体育赛事中,高效的物资调配系统是确保活动顺利

进行的关键。为了实现这一目标,我们采用了分层架构来构建体育赛事物资调配系统,这一架构包括感知层、网络层和应用层三个核心组成部分。感知层作为整个系统的前端,起着至关重要的作用。它通过各种类型的传感器,实时采集物资的关键信息,如精确位置、当前状态以及数量等。这些信息是后续物资调配决策的基础,确保了数据的准确性和实时性。网络层扮演着数据传输的桥梁角色。利用先进的无线通信技术,网络层将感知层收集到的数据快速、稳定地传输到应用层。这一过程保证了数据的高效流通,为应用层的分析处理提供了坚实的数据支撑。应用层是系统的大脑,它运用云计算和大数据技术等先进工具,对接收到的数据进行深入的分析和处理。通过这些技术手段,应用层能够实现对物资的智能调配,不仅提高了物资利用的效率,还大大降低了人工操作的错误率。而且在系统集成方面,应注重与现有系统的融合与协同。通过与赛事管理系统、物流管理系统的无缝连接,实现了数据资源的共享和业务流程的协同。这种集成方式不仅提升了整体工作的效率,还强化了各系统之间的互补性,使得整个物资调配流程更加顺畅和高效。

2.物资感知与识别

物资感知与识别技术在现代体育赛事物资调配中发挥着举足轻重的作用。为了实现对物资的全面掌控,应在体育赛事物资上广泛应用 RFID 标签和条码等识别技术。通过安装 RFID 标签,系统能够实时追踪和获取物资的确切位置信息。这种无线射频识别技术不仅穿透性强,还能在较远的距离内准确读取数据,大大提高了物资追踪的效率和准确性。同时,条码技术的应用进一步丰富了物资信息的获取方式。通过扫描条码,可以迅速获取物资的详细状态信息,如是否已使用、是否需要维修等,这为物资调配提供了更加细致的数据支持。除了位置和状态信息,物资在运输和存储过程中的环境参数也至关重要。为此,我们利用先进的传感器技术来监测物资所处的环境温度、湿度等关键指标。这些数据的实时采集和分析,不仅有助于确保物资在复杂多变的环境中的安全性和完好性,还能为物资调配提供科学的决策依据。

(二)物资调配与监控

1.物资追踪与定位

系统通过集成 GPS、北斗等定位技术,实现了对物资的实时追踪和定位。赛事组织者可以通过系统平台或移动应用随时查看物资的位置和运输状态,确保物资能够按时到达指定地点。同时,系统还可以根据赛事进度和物资需求情况,自动调整物资调配计划,确保赛事的顺利进行。

2.物资监控与预警

系统通过集成传感器技术,实现了对物资的实时监控和预警。如果物资出现任何异常情况,如丢失、损坏、过期等,系统将立即发出预警信息,通知赛事组织者及时采取措施。此外,系统还可以对物资的使用情况进行统计分析,为赛事组织者提供决策支持。

第三节　信息网络技术在赛事安全保障中的应用

一、信息网络技术在体育赛事防范安全风险中的应用

（一）实时监控与异常检测

1.高清摄像头与传感器部署

随着信息网络技术的发展,高清摄像头和传感器等监控设备在体育赛事中的应用越来越广泛。这些设备具备高分辨率、高清晰度、高灵敏度等特点,能够监控赛事现场的每一个角落。通过在关键区域和敏感位置部署这些设备,安保人员可以实时监控现场情况,确保赛事的顺利进行。

2.监控数据传输与共享

高清摄像头和传感器等监控设备与信息网络系统相连,能够将监控画面和数据实时传输到安保指挥中心。安保指挥中心通过大屏幕显示系统,可以清晰地看到现场情况,并根据实时数据做出快速而准确的决策。此外,监控数据还可以通过云平台实现共享,方便各个部门和单位协同作战,共同维护赛事安全。

3.智能分析与异常识别

除了实时监控和传输外,信息网络技术还可以对监控数据

进行智能分析和异常识别。通过图像识别、行为分析等技术手段，系统可以自动识别出异常情况，如人员聚集、物品丢失、火灾等，并自动报警和录像。这种智能分析和异常识别能力大大提高了安保工作的效率和准确性，为赛事安全提供了有力保障。

（二）身份识别与验证

1.人脸识别技术

人脸识别技术是一种基于生物特征的身份识别技术，它通过捕捉人脸图像并提取特征信息进行比对，从而实现身份识别。在体育赛事中，人脸识别技术可以用于参赛人员、工作人员和观众的身份验证。通过事先采集和存储人员信息，系统可以在人员进入赛事现场时进行自动比对和识别，防止未经授权的人员进入现场。

2.指纹识别技术

在体育赛事中，指纹识别技术可以用于工作人员和参赛人员的身份验证。通过事先采集和存储指纹信息，系统可以在人员进入赛事现场时进行自动比对和识别，确保只有经过授权的人员才能进入现场。

3.多模态身份识别

为了提高身份识别的准确性和可靠性，还可以采用多模态身份识别技术。多模态身份识别技术结合了多种生物特征识别技术，如人脸、指纹、虹膜等，通过综合分析和比对多个特征信息，实现更加精准的身份识别。在体育赛事中，多模态身份识别技术可以用于关键区域和敏感位置的人员身份验证,确保赛事安全。

4.信息安全与隐私保护

在利用信息网络技术进行身份识别和验证时,还需要关注信息安全和隐私保护问题。赛事组织者应确保采集和存储的个人信息不被泄露或滥用,并采取必要的技术和管理措施保障信息安全。

5.数据加密与备份

为了确保观众信息的安全性,信息网络技术通常会对数据进行加密处理,并定期备份以防数据丢失。这些措施有效地保护了观众的信息安全,避免了因数据泄露或损坏而带来的风险。

6.访问权限管理

信息网络技术还支持细粒度的访问权限管理,只有经过授权的用户才能访问体育赛事直播平台,这进一步增强了数据的安全性。同时,系统还可以记录每个用户的操作日志,以便在必要时进行审计和追踪。

7.持续进行监控,体育赛事管理的安全性

利用信息网络技术进行实时监控,可以及时发现体育赛事管理过程中存在的问题,为优化和改进提供依据。同时,应建立有效的用户反馈机制,鼓励用户提出意见和建议,并根据这些反馈进行持续的优化和改进。通过这样的持续优化过程,有助于满足赛事管理的不断变化和发展需要。

二、信息网络技术在应急响应和危机管理中的作用

（一）应急响应中的快速决策与协调

1.实时监测与预警系统

在大型体育赛事中,信息网络技术为实时监测赛事现场的各种数据提供了强大的支持。通过安装传感器、高清摄像头等设备,系统可以实时收集人流密度、环境温度、空气质量等数据,并进行分析处理。一旦监测到异常情况,如人流拥挤、温度过高或空气质量下降等,系统将立即发出警报,并自动启动应急响应程序。

2.信息快速传递与共享

在应急响应中,信息的快速传递与共享至关重要。信息网络系统可以将现场情况、警报信息、应急资源等信息实时传输到安保指挥中心,并通过云平台实现各部门、各单位之间的信息共享。这使得安保人员能够迅速获取现场情况,协调各方资源,进行有针对性的应急处置。

3.智能决策支持系统

信息网络技术还可以为应急响应提供智能决策支持。通过收集和分析历史数据、现场数据等信息,系统可以预测发展趋势和潜在风险,为安保人员提供科学、合理的决策建议。此外,系统还可以根据现场情况自动调整应急响应策略,提高应对突发事件的灵活性和有效性。

4.远程指挥与协调

在应急响应过程中,远程指挥与协调也是非常重要的环节。信息网络系统可以实现远程视频通话、数据传输等功能,使得安保人员可以实时了解现场情况,与现场人员进行沟通协调。这不仅可以提高应急响应的效率,还可以确保指挥决策的准确性和一致性。

(二)危机管理中的舆情监测与应对

1.舆情监测与分析系统

在危机管理中,舆情监测与分析系统可以帮助安保团队及时发现和应对可能对赛事安全造成威胁的舆情危机。通过实时监测和分析社交媒体、新闻报道等信息源,系统可以了解公众对赛事的关注度、情感倾向以及可能存在的负面舆论。如果发现异常情况,系统将立即发出警报,并自动提取相关信息进行分析处理。

2.危机应对方案的制定与执行

在发现舆情危机后,安保团队需要迅速制定并执行危机应对方案。信息网络技术可以为危机应对提供有力的支持。通过收集和分析相关信息,系统可以为安保团队提供科学、合理的应对建议,并自动生成应对方案。同时,系统还可以将应对方案实时传输到各个执行部门,确保各部门能够迅速响应并协同作战。

3.危机应对效果评估与反馈

在危机应对过程中,效果评估与反馈也是非常重要的环节。信息网络技术可以通过收集和分析相关数据,对危机应对的效果进行评估和反馈。这不仅可以帮助安保团队了解应对方案的执行情况和效果,还可以为未来的危机应对提供经验和教训。

4.信息发布与沟通

在危机管理中,信息发布与沟通也是至关重要的。信息网络系统可以通过官方网站、社交媒体等渠道向公众发布相关信息,如赛事情况、安全提示、应急措施等。这不仅可以提高公众的知情度和参与度,还可以增强公众对赛事安全的信任感和满意度。同时,信息网络系统还可以为公众提供便捷的咨询和投诉渠道,帮助安保团队及时了解和解决公众的需求和问题。

第四节　智能化交通管理在体育赛事中的运用

一、赛事交通组织与优化

(一)智能交通信号灯系统

1.智能交通信号灯系统的原理与应用

智能交通信号灯系统是现代城市交通管理的重要组成部分,它结合了先进的信息技术和交通工程技术,通过实时采集、处理和分析交通数据来优化交通信号灯的配时方案。这一系统的核心在于利用各类传感器、摄像头和 GPS 等设备,实时监控道路交通情况,然后根据这些数据动态调整信号灯的红绿灯时间,以达到缓解交通拥堵、提高交通效率的目的。例如,在成都大运会期间,智能交通信号灯系统发挥了巨大作用。大运智慧交通指挥平台系统能够实时掌握车队位置,通过 GPS 数据精准预测交通流量,并自动调整信号灯配时。这种智能化的管理方式,不仅确保了参赛车队和市民车辆的顺畅通行,还有效减少了交通冲突和拥堵现象,提升了城市交通的整体运行效率。

2.智能交通信号灯系统的优势

智能交通信号灯系统的优势显而易见,它能够提高交通效率,减少拥堵现象。通过实时监控和数据分析,系统能够预测交通流量并优化信号灯配时,从而确保交通的顺畅进行。而且该系统能够减少交通事故的发生。通过合理调整信号灯时间,可以减少车辆在交叉口的等待时间,进而降低交通事故的风险。

3.智能交通信号灯系统的未来发展趋势

随着科技的不断进步和智能化水平的提高,智能交通信号灯系统将会迎来更多的发展机遇。未来,该系统会与更多的智能化设备进行联动,如自动驾驶汽车、智能交通监控系统等,从而构建一个更加智能、高效的城市交通管理体系。此外,随着5G、物联网等技术的普及,智能交通信号灯系统的数据传输速度和处理能力也将得到进一步提升,为城市交通管理带来更加便捷、高效的解决方案。

（二）专用通道与临时停车场

1.专用通道的设置与管理

在大型体育赛事进行期间,为确保参赛人员、工作人员和观众的顺畅通行,设置专用通道显得尤为重要。专用通道能够有效分离不同人流,避免拥堵和混乱现象的发生。在杭州亚运会场馆,专用通道的设置充分考虑了各类人员的通行需求,确保了比赛的顺利进行。同时,专用通道的管理也是一项重要工作。通过合理安排通道宽度、设置明显的指示标识以及配备专业的安保人员,可以确保专用通道的高效利用和安全有序。此外,对于违规占用专用通道的行为,也需要及时制止和处理,以保证专用通道的畅通无阻。

2.临时停车场的规划与运营

临时停车场是大型体育赛事进行期间不可或缺的设施之一。例如,在杭州亚运会场馆,项目停车场通过配备捷顺智慧停车管理系统和高清视频车位引导检测终端等设备,为各类人员提供了便捷的停车和找位服务。这种智能化的管理方式不仅提高了停车效率,还提升了用户体验。

二、实时监控与安全保障

（一）智能交通监控系统

1.智能交通监控系统的技术构成

智能交通监控系统融合了高清监控摄像头与先进的智能

识别技术,从而实现了对赛事进行期间交通状况的全方位、实时监控。这种系统不仅具备高分辨率的图像捕捉能力,还能够通过智能算法对交通行为进行深度分析和识别。其核心组件包括高清摄像头、图像处理单元、数据存储与传输系统以及智能分析软件等,共同构成了一个高效、精准的交通监控网络。

2.实时监控与应急响应机制

通过智能交通监控系统,管理部门能够实时掌握赛事进行期间的交通动态。一旦系统检测到交通违法行为或交通事故,它会立即触发报警机制,并自动录制事发现场的视频。这种即时的报警和录像功能,为交通管理部门提供了第一手资料,便于他们迅速做出反应,有效处理各种交通突发状况。

3.杭州亚运村的实践应用

在杭州亚运村,智能交通监控系统的应用效果显著。停车场 12 个出入口均装备了捷顺科技智慧停车管理系统,并增设了 800 余个车位引导高清检测终端。这些先进设备的投入使用,不仅实现了对停车场内车辆的全面监控,还确保了快速响应发生的任何可能的紧急情况。这种智能化的管理方式,极大地提升了亚运村停车场的运营效率与安全性。

4.智能交通监控系统的社会效益

智能交通监控系统的广泛应用,不仅提升了赛事进行期间的交通管理水平,还带来了显著的社会效益。它有效减少了交通违法行为的发生,增强了道路使用者的安全意识。同时,通过迅速响应和处理交通事故,降低了事故对道路交通的影响,保障了公众出行的安全与顺畅。

（二）交通事件自动检测报警系统

1.系统的工作原理与关键技术

交通事件自动检测报警系统利用先进的传感器技术和图像识别算法，能够自动检测和识别道路上的各种交通事件。通过在关键路段安装上百台交通事件检测器，系统能够实时监控道路交通状况，一旦发现交通事故、路面积水等意外事件，便会立即触发报警机制并进行录像。这种系统的关键技术包括高精度传感器、图像识别算法以及快速数据传输技术等。

2.自动检测与报警流程

交通事件自动检测报警系统的工作流程高效且自动化。当检测器捕捉到异常交通事件时，系统会迅速进行分析判断，并通过内部算法确认事件的性质和严重程度。一旦确认需要报警，系统会立即启动报警程序，向交通管理部门发送报警信息，并同时激活录像功能，记录下事件发生的全过程。这种自动化的检测与报警流程，极大地缩短了应急响应时间，提高了处理效率。

（三）安保资源精准调度

1.智能交通管理系统与警力资源调度的革新

在体育赛事进行期间，智能交通管理系统已成为提升公共安全与效率的关键工具。该系统通过高科技手段，如大数据分析、物联网传感器、人工智能算法等，实现了对交通状况的实时监控与预测。特别是在体育赛事进行期间，人流与车流量的激增对城市交通管理提出了更高的要求,而智能交通管理系统的运用,为体育赛事顺利开展提供了强有力支撑。体育赛事的举办往往伴随着大规模的人员聚集和车辆流动,这给城市交通带来了巨大压力。传统的安保调度方式往往依赖于经验和预估,难以应对突发状况和实时变化。而智能交通管理系统则能够通过收集并分析各路段的实时交通数据,为安保工作提供科学的决策依据。系统可以准确地显示出哪些区域交通压力大,哪些路段可能出现拥堵,从而确保安保规划工作的科学性与合理性,合理调配警力。此外,该系统还能与移动设备相结合,使得交警能够随时接收系统推送的交通信息,这样就为交警在第一时间内做出反应提供了强有力支持。

2.动态调整安保资源投入,确保体育赛事交通安全

在体育赛事进行期间,交通流量的激增和复杂多变的交通状况对交通运行能力提出了严峻挑战。为了确保交通秩序,维护和保障交通安全,必须确保能够根据实时情况动态调整安保资源投入。而智能交通管理系统的引入,为安保人员提供了这样的能力。该系统通过遍布城市的交通监控摄像头、感应器等设备,实时收集并分析交通数据,为体育赛事安保人员提供全面的交通状况报告。在这些数据的基础上,体育赛事组织人员可以迅速识别出交通压力较大的区域和时段,从而及时增派安保人员进行疏导。

第六章　信息网络技术在体育赛事中的前沿趋势与挑战

第一节　人工智能与体育赛事的结合及其前景

一、人工智能与体育赛事的融合

(一)人工智能技术在体育赛事中的融合应用

1.智能化赛事组织与管理

随着科技的飞速发展,人工智能技术正逐渐渗透到体育赛事的各个环节中,其中最为显著的就是在赛事组织与管理方面的应用。传统的赛事组织工作繁重且易出错,而人工智能技术的引入,使得这一过程变得更为高效与精准。通过智能化的赛事管理系统,主办方可以实现对赛事资源的优化配置,包括场地安排、赛程制定、人员调配等。系统能够根据历史数据和实时情况,自动调整赛事计划,确保比赛的顺利进行。此外,人工智能技术还能协助进行运动员信息管理、比赛结果统计与发布等工作,极大地提高了赛事管理的效率和准确性。

2.比赛分析与策略制定

人工智能技术在比赛分析与策略制定方面也发挥着重要作用。利用机器学习算法和大数据分析技术,可以对历史比赛数据进行深入挖掘,发现运动员的竞技特点和规律,为教练团队提供科学的训练计划和战术指导。在比赛中,人工智能技术可以实时监控选手的状态和表现,通过数据分析为教练团队提供及时的反馈。这使得教练团队能够根据比赛情况灵活调整战术,帮助运动员发挥出最佳水平。同时,人工智能技术还能预测对手可能的战术布局,为我方制定针对性策略提供依据。

3.观众体验与互动

人工智能技术的应用还极大地提升了观众的观赛体验。借助智能化的观赛系统,观众可以实时获取比赛数据、运动员信息和精彩瞬间,享受更加便捷的观赛服务。此外,系统还能根据观众的喜好和行为习惯,推荐个性化的赛事内容和互动活动。通过虚拟现实(VR)和增强现实(AR)技术结合,观众可以身临其境地感受比赛的紧张和激情。这种沉浸式的观赛体验让观众更加投入,也为赛事主办方带来了更多的商业机会。

(二)人工智能对体育赛事的推动与变革

1.竞技水平的提升

人工智能技术的引入对提升运动员的竞技水平产生了积极影响。通过科学的训练计划和战术指导,运动员能够更加系统地提升自己的能力。同时,利用人工智能技术模拟真实的比赛场景,进行实战演练,也能帮助运动员提高应变能力和增加比赛经验。此外,人工智能技术还能协助运动员进行心理调适和状态管理。通过分析运动员的生理和心理数据,系统能够提供个性化的调整建议,帮助运动员在比赛中保持良好的心态和状态。

2.体育产业的发展与创新

人工智能技术的融合应用不仅推动了体育赛事的发展,还为整个体育产业带来了创新与变革。智能化的数据分析和市场预测使得体育组织能够更加精准地把握市场需求和商业机会,制订更为有效的营销策略和商业计划。同时,人工智能技术也推动了体育装备、健康管理等领域的创新发展。智能化的运动装备和健康管理系统为运动员和普通人提供了更加个性化的服务体验,也为相关产业带来了新的增长点。

(三)智能化评分提升公正性

在传统的评分过程中,裁判的主观判断往往会对评分结果产生显著影响。而在人工智能技术支持下,线上评分系统通过大数据分析和模式识别技术,能够更客观地评估运动员的表现,避免了人为偏见和误差。这不仅增强了比赛的公平性,也提高了观众和运动员对比赛结果的信任度。同时,随着人工智能技术的应用,体能监测数据能够进行更加深入的分析和挖掘,为教练团队提供更加科学的训练建议。例如,通过分析运动员的体能数据和比赛成绩,预测运动员在未来比赛中的表现,帮助教练团队制定更为合理的比赛策略。

二、人工智能与体育赛事的融合前景

(一) AI 技术在体育赛事中的发展前景

1.赛事数据分析与预测

(1)数据分析的智能化

在体育赛事中,数据分析一直扮演着至关重要的角色。AI技术的应用使得数据分析更加智能化、精准化。通过对大量比赛数据的挖掘和分析,AI技术可以预测比赛结果、运动员表现、战术变化等,为教练和运动员提供有针对性的指导。

(2)预测模型的优化

AI技术预测模型可以根据历史数据和实时数据不断调整和优化,提高预测准确率。同时,AI技术还可以根据运动员的身体状况、心理状态等因素进行个性化预测,为运动员提供更加精准的竞技策略。

2.赛事直播与互动

(1)智能化剪辑与回放

AI技术可以实现赛事直播的智能化剪辑和回放,自动捕捉精彩瞬间和关键节点,为观众提供更加精彩、丰富的观赛体验。同时,AI技术还可以根据观众的兴趣和需求,推送个性化的赛事直播内容。

(2)实时互动体验

AI技术还可以为观众提供实时互动体验,如实时解说、互动问答、虚拟礼物等。观众可以通过 AI 技术与自己喜欢的运动员或解说员进行实时交流,分享观赛心得和感受,提高观赛的趣味性和互动性。

3.整个赛事安全保障

(1)智能监控与预警

AI技术可以实现赛事现场的智能监控和预警,自动识别异常情况并发出警报,为赛事安全提供有力保障。同时,AI技术还可以对运动员的身体状况进行实时监测和预警,避免意外事故的发生。

(2)自动化安保措施

AI技术还可以实现自动化安保措施,如人脸识别、行为识别等。通过AI技术的识别和分析,安保人员可以更加精准地识别潜在的安全隐患,并采取相应的措施进行防范和处置。

(二)对AI技术推动体育赛事创新与发展的思考

1.推动赛事创新

AI技术的应用可以推动体育赛事在内容、形式、技术等方面的创新。例如,通过AI技术可以开发新的比赛项目、设计新的比赛规则、优化比赛流程等,为观众带来更加新颖、刺激的观赛体验。同时,AI技术还可以为运动员提供更加科学、高效的训练方法和竞技策略,推动体育竞技水平的不断提升。

2.优化赛事运营

AI技术的应用可以优化体育赛事的运营和管理。例如,通过AI技术可以实现赛事票务的智能化管理、场馆资源的优化配置、赛事营销的精准化推广等。这些措施可以降低赛事运营成本、提高赛事运营效率和质量、扩大赛事影响力和商业价值。

3.促进体育产业发展

AI 技术的应用还可以促进体育产业的发展和壮大。AI 技术的融合和创新应用,可以推动体育产业向数字化、智能化、个性化方向发展。同时,AI 技术还可以为体育产业提供新的增长点和发展动力,推动体育产业与其他产业的深度融合和协同发展。

第二节　虚拟现实与增强现实在体育赛事中的应用探索

一、虚拟现实(VR)在体育赛事中的应用探索

(一)提供沉浸式观赛体验

1.虚拟现实技术重塑观赛体验的新纪元

在科技的浪潮中,虚拟现实(VR)技术以其独特的魅力,逐渐走进了大众的视野,特别是在体育赛事观看领域,VR 技术的引入,为观众带来了前所未有的沉浸式体验。这种体验,不仅是对传统观赛方式的颠覆,更是对观众感官的一次全新升级。想象一下,你佩戴着 VR 头盔,瞬间置身于足球场中。你仿佛成为球场的一员,能够清晰地感受到球员们的奔跑、汗水的挥洒以及观众席上的欢呼声。球在脚下滚动,每一次传球、

射门都仿佛触手可及。你甚至能够感受到球员们紧张而又充满斗志的眼神,仿佛能够与他们一同分享胜利的喜悦或者失败的遗憾。而在篮球场上,VR 技术同样能够为你带来身临其境的观赛体验。你可以近距离地观察到球员们的每一个动作,从他们运球、突破、投篮,到与队友的默契配合,每一个细节都仿佛就在你的眼前。你能够感受到球员们身上散发出的汗水和力量,以及对胜利的渴望和追求。赛车场上,VR 技术更是将速度与激情展现得淋漓尽致。你可以坐在赛车手的位置,感受到赛车在赛道上飞驰的速度和刺激。每一次转弯、加速、超车,都仿佛让你身临其境,仿佛自己就是那位驰骋在赛道上的赛车手。你能够感受到风在耳边呼啸,感受到赛车与地面的摩擦,以及那种对胜利的渴望和追求。总之,VR 技术带来的沉浸式观赛体验,不仅让观众们更加深入地了解了比赛的细节和精彩,更让他们感受到与比赛的紧密联系。观众仿佛成为比赛的一部分,与运动员们一同经历比赛的起伏和波折。这种体验,无疑是对传统观赛方式的一次巨大变革。

2.赛场之外是虚拟现实技术的无限可能

虚拟现实(VR)技术不仅仅局限于体育赛事的观赛体验,它还在赛场之外展现了无尽的可能性和广阔的应用前景。在教育领域,VR 技术为学生们打造了一个全新的学习平台。通过佩戴 VR 头盔,学生们可以置身于历史事件的现场,亲身感受历史的厚重和文化的魅力,也可以探索宇宙的奥秘,与遥远的星球进行亲密接触。这种沉浸式的学习方式,不仅提高了学生们的学习兴趣和参与度,还帮助他们更好地理解和掌握知识。在医疗领域,VR 技术同样发挥了巨大的作用。医生们可以利用 VR 技术进行手术模拟和训练,提高自己的手术技能和操作水平。同时,VR 技术还可以帮助患者缓解紧张情绪,减轻疼痛感受,提高治疗效果。在娱乐领域,VR 技术更是为玩家们带来了前所未有的游戏体验。他们可以在虚拟世界中自由探索、冒险和挑战,与来自世界各地的玩家进行互动和交流。这种沉浸式的游戏体验,不仅让玩家们感受到了游戏的乐趣和刺激,还为他们提供了更加广阔的社交空间。

(二)全方位的观赛视角

1.细致入微的运动员观察

在虚拟现实(VR)技术的引领下,观众的体育赛事观赛体验正经历着前所未有的变革。以往,观众只能在固定的位置观看比赛,视角受限,难以捕捉到运动员的每一个动作细节。但如今,VR 技术为观众提供了全方位的观赛视角,让每一位观众都能够根据自己的喜好和需求,自由选择观看角度,深入体验体育比赛的魅力。在佩戴 VR 头盔后,观众仿佛置身于比赛现场的中心,四周是运动员们激烈的竞技场景。观众可以轻松地将目光聚焦在任何一个运动员身上,观察他们的动作细节、表情变化以及与其他运动员的互动。比如,在足球比赛中,观众可以选择跟随前锋冲刺、突破,感受速度与激情的碰撞;或者紧盯门将的每一次扑救,欣赏他们敏捷的反应和出色的技术。在篮球场上,观众可以近距离观察球员们的运球、投篮和防守技巧,感受他们身体的协调性和技术的精湛。这种全方位的观赛视角不仅让观众能够更加深入地了解运动员的技艺和战术，还为其带来了更加真实的观赛体验。观众能够看到运动员付出的努力和汗水，感受到其追求胜利的决心和勇气，这种身临其境的观赛体验让观众更加热爱体育，更加珍视比赛中的每一个瞬间。

2.VR 技术拓宽观众视野

除了近距离观察运动员的动作细节外，VR 技术还为观众提供了俯瞰整个赛场的宏伟景象。通过调整视角和高度，观众可以轻松地看到整个赛场的布局、运动员的分布以及比赛的进程。这种全局视野让观众能够更加全面地了解比赛的情况，掌握比赛的节奏和趋势。在赛车比赛中，观众可以通过 VR 技术俯瞰整个赛道，看到赛车手们飞驰而过的身影和赛车之间的激烈竞争，可以感受到赛车手们驾驶赛车时的速度和激情，以及比赛中的紧张刺激氛围。在足球比赛中，观众可以俯瞰整个球场，看到球员们的跑动轨迹、传球线路以及防守策略。他们可以更加清晰地了解比赛的战术和策略，感受足球比赛的智慧和魅力。此外，VR 技术还允许观众在不同的观赛位置之间自由切换。观众可以在短时间内从球场的一端移动到另一端，或者从看台上转移到场地上。这种灵活性让观众能够根据自己的兴趣和需求，自由选择观赛位置，享受不同的观赛体验。他们可以选择靠近运动员的位置，感受比赛的紧张刺激，或者选择高处俯瞰，领略全局之美。

（三）赛事回放与模拟训练

1.VR 技术下的赛事回放革新

在传统的观赛体验中,观众往往只能通过电视或网络视频回顾比赛的精彩瞬间,然而这种方式难以让观众重新置身于比赛现场的氛围中。VR 技术的引入,打破了这一局限,为观众提供了一种全新的、沉浸式的赛事回放体验。通过 VR 头盔,观众可以身临其境地重温比赛的每一个细节。无论是足球比赛中激动人心的射门瞬间,还是篮球赛场上精准的三分投篮,VR 技术都能将这些精彩画面以 360 度的全景方式重现。观众可以自由选择观看角度,仿佛置身于赛场之中,感受到球员们的激情与拼搏。这种沉浸式的回放方式,不仅让观众能够更深入地了解比赛的精彩瞬间,还增强了观赛的乐趣和真实感。VR 赛事回放不仅满足了观众的观赏需求,更为教练团队和运动员提供了宝贵的分析资料。通过 VR 回放,教练可以更加直观地观察运动员在比赛中的表现,从而找出不足之处并制订针对性的训练计划。运动员也可以通过 VR 回放,自我反思并改进技术动作和比赛策略。这种技术化的回放方式,无疑提升了运动训练的科学性和效率。

此外,VR 赛事回放还具有极高的商业价值和市场推广潜力。通过为观众提供独特的回放体验,赛事主办方可以吸引更多的观众关注比赛,进而提升赛事的品牌影响力和商业价值。同时,VR 回放也可以作为赛事营销的重要手段,为赞助商提供更多的品牌曝光机会。

2.VR 技术助力模拟训练提升

虚拟现实(VR)技术在体育领域的应用日益广泛,尤其是在模拟训练方面,其独特的沉浸式体验为运动员和教练团队带来了前所未有的便利。通过 VR 技术,运动员可以在一个安全、受控的环境中进行模拟训练,从而有效地提升技能和应对比赛的能力。在模拟训练中,VR 技术可以创建一个高度逼真的虚拟赛场,使运动员仿佛置身于真实的比赛场景中。这种沉浸式的训练方式不仅能够帮助运动员更好地适应比赛环境,还能在训练中模拟各种突发状况和困难挑战,提升运动员的应变能力和心理素质。此外,VR 模拟训练还具有极高的可重复性和可调整性。教练团队可以根据运动员的实际情况和训练需求,随时调整训练难度和场景设置,以达到最佳的训练效果。同时,VR 技术还可以精确记录运动员在模拟训练中的表现和数据,为教练团队提供科学的评估依据,有助于制订更具针对性的训练计划。而且,VR 模拟训练不仅适用于专业技能的提升,还适用于团队协作和战术演练。在虚拟环境中,运动员可以模拟团队配合和战术执行,从而增强团队之间的默契和协作能力。这种模拟训练方式对于提高运动员在比赛中的整体表现具有显著效果。

二、增强现实(AR)在体育赛事中的应用

(一)实时数据与虚拟叠加

1.AR 技术增强观众观赛体验

与传统的观赛模式不同,AR 技术通过实时数据与虚拟图

像的叠加,为观众带来了前所未有的观赛信息丰富度。在足球比赛中,这种技术的运用尤为突出,为观众展现了一个全新的观赛视角。想象一下,当你坐在足球场边,佩戴着 AR 眼镜,球场上的景象瞬间变得与众不同。草地上不再是单调的绿色,而是被一层透明的数据图层所覆盖。在这层数据图层上,你可以看到运动员们的跑动路线,它们以彩色线条的形式呈现,随着运动员的移动而动态变化。这些线条不仅展示了运动员们的移动轨迹,还反映了他们的速度、方向以及体力状况。通过观察这些线条,你可以轻松地了解到哪位运动员更为活跃,哪位运动员可能出现了体力不支的情况。除了跑动路线,AR 技术还可以在草地上实时显示射门热点。这些热点区域通常以高亮的形式展现,显示了运动员们射门频率最高的区域。这些信息对于观众来说极为有价值,它们可以帮助观众更好地理解比赛的节奏和战术安排。例如,当你看到某个区域的射门热点频繁闪烁时,就可以推断出该区域的防守可能存在漏洞,或者该区域的进攻具有极高的威胁性。AR 技术的运用不仅为观众提供了更加丰富的观赛信息,还增强了观众的参与感和沉浸感。观众不再是被动的观看者,而是可以通过 AR 技术主动地参与到比赛中来。他们可以通过观察实时数据,了解比赛的最新动态,与场上的运动员一同感受比赛的紧张刺激。

2.虚拟与现实的融合

AR 技术通过将实时数据与虚拟图像叠加在真实赛场上,为观众带来了全新的观赛体验。而这只是 AR 技术在体育赛事中应用的冰山一角。随着技术的不断进步和创新,AR 技术在体育赛事中的应用将越来越广泛,展现出更加丰富的可能性。例如,在篮球比赛中,AR 技术可以实时显示球员们的投篮命中率、篮板球数量等关键数据,帮助观众更加深入地了解球员们的表现。在赛车比赛中,AR 技术可以显示赛车的速度、加速度、刹车距离等实时数据,让观众感受到赛车比赛的刺激和快感。此外,AR 技术还可以与社交媒体等互动平台相结合,为观众提供更加丰富的互动体验。观众可以通过 AR 技术将自己的虚拟形象投射到赛场上,与其他观众进行实时互动和交流。他们可以在社交媒体上分享自己的观赛感受、预测比赛结果、参与话题讨论等,让观赛体验更加丰富多彩。

(二)互动体验与游戏元素

1.AR 技术深化体育赛事的互动体验

在现代科技的推动下,增强现实(AR)技术为体育赛事观众带来了前所未有的互动体验。通过手机上的 AR 应用,观众能够以前所未有的方式参与到比赛中,这种新颖的互动模式极大地丰富了观赛的乐趣,使得体育赛事不再仅仅是单纯的观看活动,而是成为一种全方位的沉浸式体验。在传统的观赛模式中,观众往往只能作为比赛的旁观者,被动地接受比赛信息。而 AR 技术的应用彻底改变了这一状况,观众可以通过手机上的 AR 应用,实时地参与到比赛的互动中。比如,在足球比赛中,观众可以利用 AR 应用来预测比赛结果,或者投票选出自己心目中的最佳球员。这些互动环节不仅增加了观赛的趣味性,更让观众感觉自己成了比赛的一部分,从而更加投入地关注比赛的每一个细节。

此外,AR 技术还提供了虚拟现实的观赛环境,让观众仿佛置身于比赛现场。通过手机屏幕,观众可以看到虚拟的球场、球员以及比赛过程,这种沉浸式的观赛体验让观众感受到前所未有的真实感和参与感。同时,AR 应用还可以根据观众的个人喜好和选择,提供个性化的观赛视角和体验,进一步满足不同观众的需求。

2.游戏元素融入体育赛事观赛过程

在当今数字化时代,游戏元素的融入为体育赛事观赛过程注入了新的活力。借助增强现实(AR)技术,观众可以在手机上参与各种与比赛相关的虚拟互动游戏,这些游戏元素不仅使得观赛过程更加有趣,还增强了观众的参与感和投入度。通过 AR 应用,观众可以实时参与到预测比赛结果的游戏中。例如,在篮球比赛中,观众可以根据两队的实力和状态,预测哪支队伍将赢得比赛,或者预测比赛的最终得分。这种预测游戏不仅考验了观众对比赛的理解和判断能力,还增加了观赛的紧张感和刺激性。此外,投票选出最佳球员也是 AR 技术为观众带来的另一项有趣的游戏元素。在比赛过程中,观众可以通过 AR 应用为自己心仪的球员投票,这种互动方式让观众能够更直接地表达自己对球员的喜爱和支持。同时,投票结果也可以在比赛现场或线上平台进行实时展示,进一步激发观众的参与热情。上述游戏元素外,AR 技术还可以为观众提供更多个性化的互动体验。比如,观众可以在 AR 应用中选择自己喜欢的球队或球员,然后参与到虚拟的比赛中,与电脑或其他观众进行对战。这种虚拟比赛不仅具有娱乐性,还能让观众更加深入地了解比赛规则和策略。

(三)赛事宣传

AR 技术在体育赛事推广方面也发挥着重要作用。

1.AR 技术助力体育赛事宣传

在数字化时代,体育赛事的宣传方式正在经历一场革命,增强现实(AR)技术的引入,不仅为观众带来了全新的观赛体验,更为体育赛事的推广注入了新的活力。通过 AR 技术,赛事组织者能够打造出令人震撼的视觉盛宴,并与观众建立更紧密的互动联系,从而实现赛事品牌的快速传播和深入人心。在赛事宣传中,AR 技术为观众带来了前所未有的视觉体验。通过 AR 眼镜或手机等终端设备,观众可以欣赏到由 AR 技术打造的虚拟场景和特效。比如,在足球赛事的宣传中,AR 技术可以模拟出球场上激烈的比赛情景,将运动员们的精彩瞬间以更加生动、逼真的方式呈现在观众面前。同时,AR 技术还可以将赛事的 LOGO、吉祥物等元素与真实场景相融合,形成独特的视觉风格,让观众在欣赏比赛的同时,也能感受到赛事品牌的魅力。除了视觉体验的提升,AR 技术还为赛事宣传带来了更丰富的互动体验。通过 AR 技术,观众可以参与到赛事的互动游戏中,与虚拟角色进行互动,感受比赛的氛围和乐趣。例如,在篮球赛事的宣传中,AR 技术可以模拟出投篮游戏,让观众通过手势或触摸屏幕来模拟投篮动作,体验篮球运动的乐趣。这种互动体验不仅让观众更加深入地了解比赛规则和运动员的技艺,还增强了观众对赛事的参与感和归属感。

2.AR 技术革新体育赛事推广方式

传统的赛事推广方式往往依赖于媒体宣传、海报张贴等手段,而 AR 技术则为赛事推广带来了更多的可能性和创新空间。AR 技术打破了传统媒体的界限,让赛事宣传更加生动、直观。通过 AR 技术,赛事组织者可以制作出更加具有创意和吸引力的宣传视频和海报,将赛事的亮点和特色以更加直观的方式呈现给观众。同时,AR 技术还可以将宣传内容嵌入到各种终端设备中,让观众随时随地都能够感受到赛事的魅力和热情。AR 技术拓展了赛事品牌的影响力和传播范围,通过 AR 技术的互动体验功能,赛事组织者可以与观众建立更加紧密的联系和互动,让观众更加深入地了解赛事品牌和文化。同时,AR 技术还可以将赛事宣传内容分享到社交媒体等互动平台上,让更多的人了解和关注赛事,从而实现品牌影响力的快速传播和扩大。并且,AR 技术还为赛事组织者带来了更多的商业机会和合作空间。通过与 AR 技术公司合作,赛事组织者可以开发出更多具有创意和实用性的 AR 应用产品,为观众提供更加丰富的观赛体验和服务。同时,AR 技术还可以为赛事组织者提供更多的广告展示和品牌推广机会,实现赛事的商业价值和经济效益最大化。

第三节 5G 技术对体育赛事传播与观赛体验的影响

一、5G 技术对体育赛事传播的影响

(一)5G 技术对于体育赛事场馆基础设施的影响

5G 技术作为新一代通信技术,为体育赛事场馆的基础设施提供了强大的支持,其高速、稳定、低延迟的特性使得场馆内的各种智能设备能够实现更加高效、精准的通信和协作。在体育赛事场馆基础设施中,5G 技术的高带宽和低延迟特性使得场馆各种智能化设备能够实现高速、稳定的数据传输,确保了场馆智能化基础设施的顺畅运营。例如,传感器可以实时监测场馆内的环境参数如温度、湿度等,并通过 5G 网络将数据传输到中央控制系统进行分析和处理;摄像头可以捕捉比赛现场的高清画面,并通过 5G 网络实时传输到显示屏或在线直播平台,为观众提供身临其境的观赛体验。此外,5G 技术还为场馆内的智能设备提供了更加精准的定位和跟踪能力。通过 5G 网络,场馆可以实现对运动员、观众、设备等的实时定位和跟踪,为赛事组织和管理提供更加精细化的数据支持。例如,场馆可以利用 5G 技术实现运动员的实时定位和轨迹分析,为教练团队提供更加精准的战术指导;同时,还可以利用 5G 技术实现观众的实时定位和导航服务,提升观众的观赛体验。

(二)5G 技术提升体育赛事传播效率

1.高速数据传输助力实时播报

5G 技术以其超高速度和超低时延,极大地提升了体育赛事的数据传输效率。在过去,由于网络速度和带宽的限制,赛事直播往往存在延迟和画质不佳的问题。而现在,借助 5G 网络,高清甚至 4K、8K 的超高清赛事直播已成为可能。这不仅让观众能够实时观看比赛,还能享受到更为细腻的画面和更流畅的视频体验。

2.多角度观赛体验的实现

5G 技术的高带宽和低时延特性还支持多角度、多机位的赛事直播。观众可以根据自己的喜好,选择不同的观赛角度,获得更加个性化的观赛体验。这种交互式的观赛方式,增强了观众的参与感和沉浸感,也使得体育赛事的传播更加生动有趣。

3.智能化赛事剪辑与分享

5G 技术还推动了智能化赛事剪辑和分享的发展。通过高速的网络连接,赛事的精彩瞬间可以迅速上传至云端,并利用人工智能技术进行自动化剪辑和处理。观众可以在短时间内获取到比赛的精彩集锦,并通过社交媒体迅速分享,进一步扩大体育赛事的影响力和传播范围。

(三)5G 技术推动体育赛事传播创新

1.虚拟现实与增强现实技术的应用拓展

5G 技术为虚拟现实(VR)和增强现实(AR)技术在体育赛

事中的应用提供了强大的网络支持。观众可以通过佩戴 VR
设备,身临其境地感受比赛的紧张和激情。而 AR 技术则可以
将虚拟信息与真实场景相结合,为观众提供更加丰富的观赛信
息和互动体验。这些新技术的应用,不仅提升了观众的观赛体
验,也为赛事主办方带来了更多的商业机会。

2.赛事互动与社交媒体的深度融合

在 5G 技术的推动下,体育赛事与社交媒体的互动更加紧
密。观众可以通过高速网络实时参与赛事讨论,与世界各地的
球迷分享观赛心得。同时,赛事主办方也可以利用社交媒体平
台,发布赛事相关信息和精彩瞬间,吸引更多观众的关注和参
与。这种深度融合的互动方式,增强了体育赛事的社交属性,
也为其传播注入了新的活力。

3.个性化推荐与定制化服务的实现

5G 技术还支持更为精准的个性化推荐和定制化服务。通
过分析观众的观赛习惯和喜好,系统可以为其推荐相关的赛事
内容和互动活动。同时,观众还可以根据自己的需求,定制专
属的观赛界面和功能设置。这种个性化的服务方式,提升了观
众的满意度和忠诚度,也为赛事主办方提供了更多的商业机会
和增值服务空间。

二、5G 技术对观众体育赛事观赛体验的影响

(一)高清流畅,视觉盛宴的升级

1.画质飞跃,身临其境的观赛感

在 5G 技术的助力下,体育赛事直播的画质得到了前所未

有的提升。高带宽的网络保证了高清视频流的稳定传输,让观众仿佛置身于比赛现场,每一个动作、每一个细节都清晰可见。无论是足球比赛的激烈对抗,还是篮球比赛中的精彩扣篮,都能通过高清画面完美呈现,给观众带来极致的视觉享受。

2.实时传输,告别延迟的烦恼

5G 技术的低延迟特性让比赛直播更加流畅。以往,由于网络延迟,观众在观看直播时常常会遇到画面卡顿、声音滞后等问题,严重影响了观赛体验。然而,在 5G 技术的支持下,这些问题得到了有效解决。比赛画面能够实时传输到观众面前,让观众能够紧跟比赛节奏,不错过任何一个精彩瞬间。

3.多屏互动,观赛方式更加灵活

5G 技术使得多屏互动成为可能。观众不仅可以在电视上观看比赛直播,还可以通过手机、平板电脑等设备随时随地观看比赛。同时,观众还可以在不同的屏幕之间自由切换,选择最适合自己的观赛方式。这种多屏互动的方式让观赛更加灵活便捷,满足了不同观众的需求。

(二)互动体验,观赛过程的全新升级

1.实时互动,增强观众参与感

5G 技术使得观众能够实时参与到比赛中来。通过直播平台或相关应用,观众可以发表自己的观点、评论或投票,与其他观众进行互动。这种实时互动的方式让观众感受到自己与比赛的联系更加紧密,增强了参与感和归属感。同时,观众的观点和评论也可以为比赛增添更多的话题和热度,提高比赛的关

注度和影响力。

2.虚拟观赛,打造沉浸式体验

5G 技术为虚拟观赛提供了有力支持。通过虚拟现实(VR)技术,观众可以身临其境地感受比赛现场的氛围。在 VR 观赛中,观众可以自由选择视角、调整观看位置,甚至与虚拟角色进行互动。这种沉浸式的观赛体验让观众更加深入地了解比赛情况,提高了观赛的趣味性和互动性。

3.智能推荐,个性化观赛体验

5G 技术还可以实现智能推荐功能。通过分析观众的观看历史、喜好和反馈等信息,系统可以自动推荐符合观众口味的比赛直播或相关内容。这种智能推荐的方式让观众能够更加方便地找到自己感兴趣的内容,提高了观赛的便捷性和个性化程度。

参考文献

[1]欧文.物联网技术及其在农业生产中的应用研究[D].昆明理工大学,2015.

[2]燕妮.浅论物联网技术的应用研究[J].科技信息.2013(07):9-15.

[3]王凯,李冉冉,汪逢生.体育赛事文化通论[M].北京:人民体育出版社,2021.

[4]谭秀湖,廖欣锐.大数据背景下体育大型赛事网络舆论演变研究[M].北京:中国广播影视出版社,2022.

[5]罗建英,丛湖平.商业性体育赛事交易网络及发展政策研究[M].北京:中国社会科学出版社,2019.

[6]黄武胜.不同视域下大型体育赛事运作管理研究[M].北京:中国书籍出版社,2019.

[7]王国臣.浅谈物联网与制造业信息化[J].焊接.2010(05):9-12.

[8]张玉超.我国体育产业知识产权保护与开发研究[M].江苏:中国矿业大学出版社有限责任公司,2020.

[9]陈松,梁青.体育赛事组织与管理[M].辽宁:东北大学出版社,2020.

[10]王树森.大型体育赛事转播音频技术[M].北京:中国广播

影视出版社,2020.

[11]骆雷.体育管理实证研究方法与实务[M].上海:复旦大学出版社有限公司,2022.

[12]刘军.苏州市大型体育赛事现状调查与发展对策研究[D].苏州大学.2012年

[13]体育赛事信息化与网络化安全编写组.体育赛事信息化与网络安全[M].北京:电子工业出版社,2022.

[14]吕建华.体育场馆信息化智能化建设需求的思考[J].智能建筑.2007(01):5-12.

[15]崔俊铭.数字化环境下我国体育赛事全媒体转播权交易机制研究[M].吉林:吉林大学出版社,2022.

[16]张宇.体育赛事管理与市场开发研究[M].北京:中国书籍出版社,2021.

[17]段绪来.体育赛事与城市品牌建设耦合发展及其治理研究[M].经济管理出版社,2020.

[18]刘旭东,刘庆.体育赛事文化与运营管理研究[M].江苏:南京出版社,2022.